연꽃처럼(如蓮花)

열심히 부지런히 사는 일도
쉴 틈 공간 있어야지

연뿌리와 연 줄기가 숭숭한 구멍으로
속이 비어도 고운 꽃 피우듯이
싱싱하고 아름답게 알찬 열매 영글듯이

여유로운 호흡 막힘없는 소통
언제나 올곧게 당당하게

추억

고요할수록 되살아나서
마음 흔들어 놓고

지워도 지워보아도
시원하지 않다

지우려고 하지 말고
잊으려고 하지 말고

지금 여기 생각을 읽고
지금 들숨 날숨을 보자

2020. 8. 23.

무문방(無門房)

출입문 없는 두 평방
하루 한 끼 공양에 세 벌 옷
먹고 씻을 물만으로 충분하다

부처님 명호를 목청껏 부르며
생각에 그리고 모습 또 그려보지만
찾지도 만나지도 못하는 나

2017. 7. 15. 감포 관음사 무문관 선방에서

산사 소식

산 아래 사찰에서 목탁 울리니
강 건너 나룻배에서 삿대를 들어 보인다

바람이 찾아들면 하늘이 열린다

동녘 찾기

해 뜨는 곳이 동녘이라 하니 밤중에도 알겠는가?
어둠 오면 반가운데 어둠 가면 미소 짓다

배고프면 밥 먹고 피곤하면 잠들고
동녘 찾기보다 쉬운 게 도(道)라고 하더이다

나무아미타불

언제 어디서나 변함없이 따르오니
극락정토 이루어요, 나무아미타불

몸도 마음도 세상살이도
모두 맑고 곱게 빛나요, 나무아미타불

여주 2

쌉쌀 씁쓸한 맛이
먹을 만해 입맛 당긴다

울퉁불퉁 몸매
볼 만해 눈길 끌린다

씁쓸한 살맛도
울퉁불퉁 살아온 길도
내 삶에 있었다

달짝지근한 맛만
평탄 매끈한 길만 있다면
인생 삶이 무슨 재미가 있으랴!

2020. 9. 15.

정토사 극락원

고요한 숲 밝은 전당 부처님 품 안에
선망 조상 왕생극락 기도드리오니
자자손손 자비 충만 복덕구족
나날이 행복 평화 이루소서
붉은 장미도 미소 지어 빌고 빕니다

정토사의 봄

석조 7m 석가대불이 도량을 굽어보시고
맞은편 언덕엔 삼세불 오방불 오색빛 찬란하다
염불 소리 낭낭한데 범종 소리 우람하게 울려 퍼진다
온 도량에 봄 내음 물신
자비 향기 은은 지혜 묘력 솔솔

정토사 석탑

부처님 사리 모신 삼층탑
삼매 들어 세상 고락 살피는데
고요 속에 부처님 말씀 들린다

얼굴에 묻은 때
있어도 그만, 없어도 그만
오직 부처님만 일념으로 모신다

오색불상 탄생기

소재 해설

* 오방불(五方佛) : 우주 공간 다스리는데 오 방위마다 각각 맡은 부처님 중앙 비로자나불(자연의 진리불), 동방 약사여래불, 남방 보생불, 서방 극락교주 아미타불, 북방 불공성취불.
* 삼세불(三世佛) : 먼 과거 세상에 출현해 세상을 다스린 연등불, 현재 가까운 세상에 출현하셔 온 인류를 평안케 다스린 석가모니불, 먼먼 미래세상 출현하실 미륵불.
* 세계 유일의 성보(聖寶) : 울산 정토사 남측에 높이 16m, 길이 30m의 큰 옹벽에 좌고 2m의 8대 불상 각각이 다른 채색 불상. 감실 주변에 세로 2.4m, 가로 3.5m의 세계 유명 탑 사진(인도 대보리사탑 등) 8개로 장식되었다.

자효사(慈孝寺 Chùa Từ Hiếu)

베트남 중부 후에(Hue) 지역 평탄한 숲속
고찰 전각들 수목들
틱낫한 큰스님은 말씀 없이
왼손 들어 답례하셨다
"자신의 생각 바로 보아 깨어 있어야 한다
자네들 자비행원도 내가 평생 걸어온
인류평화 지키자는 길과 같구나"

2019. 5. 16.
〈뉴욕타임스〉 신문에 등재 사진.
친견 시 사진촬영 금지했는데 뜰아래 수십 명 관광객 중
한 분이 찍은 것으로 추정함.

등불 공양

"자신을 등불 삼고 나의 가르침 등불 삼아라"
부처님께서 말씀하셨습니다

등불 보는 이마다 슬기롭고 행복하소서
온 누리 내내 평화 세상 되소서
언제 내가 등불 되어 밝히겠습니다

2020년 부처님 오신 날 밤 정토사

마당 물놀이

절 도량 마당에 물과 바람 가두고
건물 내부는 조상 영혼 안식처
뜰 앞엔 천진 동자들 함께 뛰는 신나는 무대
가족 사랑 어른들 어울려 춤추는 낙원이다

범종각(梵鐘閣) 옻칠 현판

범종 소리는 은은히 퍼져 중생 고통 녹이고
난각* 옻칠 현판은
만인의 시선 모아 미소 짓게 한다

* 卵殼(난각) : 알 껍질, 조류의 알 겉 부분. 난각 옻칠은 옻칠로 알껍데기 잘게 조각내어 붙인 것.

정토사 대불살보원

대불살보원
푸른 하늘 녹수청산 배경 삼은 석가모니부처님
십대제자 사대보살 지혜자비 묘력으로
중생들 무명업장 사라지고
맑은 소망 이루어주소서

문 없는
문을 열고

도서출판 천우

자연에 시선 가서 감응 얻고 사람 삶을 보고 나를 보며 느낌대로 쓰고, 심성(心性)과 인연법을 살피고 따라간 흔적을 엮어 보았다.

나는 염원한다. '누구나 자신의 생각과 행동을 바로 보고 슬기롭게 다스려서 모두 지혜롭고 행복하고 평화롭기를' 이 염원과 신념(信念)이 생활이 되었다.

아동, 학생, 군인, 청년, 어른, 노인들과 함께 대화하고 박수 치고 땀도 흘린다.

고통 번뇌의 약이 되고 방황자의 길이 되고 외로운 자의 벗이 되고 세상 밝히는 청량제 되려고 힘쓴다. 내 시도 그렇게 되라고 작은 희망 가져본다.

시작(詩作)이 수행의 한 부분이고 포교의 한 방편이 되었다. 이런 업(業 카르마)도 씻어야, 버려야 하는데 아직은 미흡하다.

본인이 등단한 월간 『문학세계』와 도서출판 천우를 함께하시는 김천우 대표님과 이번 시집 출간에 도움주신 모든 분, 해설을 써 주신 前 울산 예총 회장 이충호 선생님께 진심으로 감사드립니다.

2020년 9월 21일
울산 정토사에서

산하 덕건

제1부

자연 향기

제2부

비워야 채운다

제3부

인연 따라

제4부

언제나 기쁨

제5부

무문방(無門房)

제1부

자연 향기

여주 1

약한 덩굴 가냘픈 손 지주끈 잡고 오르고 올라
한더위에 싱싱 잎새 뒤덮인 울타리
점점이 노란 꽃이 앙증맞고 귀엽다

가늘고 긴 실꼭지 아래
불쑥불쑥 나오는 초록 신사
길쭉한 원형 몸매
민첩하진 못한데 정다운 모습

며칠 지나 주황색으로 변신한 몸
아래가 열리어
빨갛게 영롱한 보석알
쏟아 내린다

일 미리(1㎜) 실꼭지 통로로
밤낮 쉼 없이 필요 양분 받아
일주일에 길고 큰 열매 된다
열흘 지나니 익어서 번식까지 한다
참 다부지고 부지런하다

내 살아온 길
흡사함이 많구나

2019. 9. 15.

여주 2

쌉쌀 씁쓸한 맛이
먹을 만해 입맛 당긴다

울퉁불퉁 몸매
볼 만해 눈길 끌린다

씁쓸한 살맛도
울퉁불퉁 살아온 길도
내 삶에 있었다

달짝지근한 맛만
평탄 매끈한 길만 있다면
인생 삶이 무슨 재미가 있으랴!

2020. 9. 15.

은월산(隱月山) 반딧불이

뒷산에 불그스레 고운 노을 지니
실달이 얼굴 내민다
공원묘지 산책길 어둠 내리자
갈 길 안내하는 반딧불이 반갑다

청정 환경에만 살아간다는데
정토사 뒷산에도 공원묘지에도
신선한 너희들이 잘 사는구나!

음산하고 무섭다는 선입견 밟고
밤낮 걷고 뛰는 쾌적한 공원
편히 자주 오라는 반딧불이는 내 친구

정토사의 봄

흐드러진 벚꽃길 옆
크고 작은 여섯 전각들 조화롭다

지극한 마음으로 큰절 올리는 불자들
이목 집중 수강자들 모두가 순수해 보인다

윗마당엔 7m 석조 석가 대불이
도량을 굽어보시는 위용 묘력에
숙연히 이끌린다

조상님 모시는 봉안당 우뚝한데
맞은편 언덕엔
삼세불 오방불 오색빛 찬란하다

염불 소리 낭낭한데
범종울음 우람하게 울려 퍼져
만 중생 이고득락(離苦得樂)한다

온 도량에
봄 내음 물신 자비 향기 은은 지혜 묘력 솔솔

봄을 드립니다

드립니다 드립니다
향기롭고 싱싱한 봄을 드립니다

음식 손맛 고운 선율에
향기로운 꽃으로, 박수갈채 웃음으로
축하해주시는 분들에게

조심조심 바구니에 담아드리옵니다
인욕 향기 짙은 매화
협동 단결하는 개나리

긴 겨울 영광의 동백
공손히 미소 짓는 산수유
민들레, 냉이, 시금치, 고수나물

도량과 산야에 찬란한 봄을
감사와 기쁨으로, 사랑과 정성으로
조화롭게 다듬고 엮어서 드리옵니다

2018. 3. 14.
덕진 생일 축하 오찬 법회에서

사월 일기(四月日記)

2018년 4월 7일 아침
텃밭 물통에 살얼음 얼었다
미련과 애착 강한 겨울에 붙잡혀서

4월 20일 낮
영남 지역 섭씨 30도
성미 급한 여름 덮쳐서

목련꽃, 벚꽃, 유채꽃 피고 지고
겨울도 여름도 함께하는
사월이 싫지 않다

인연의 꽃이 피고 지고
고난도 즐거움도 함께하는 인생
내 삶과 닮은 사월이다

역경(逆境)도 순경(順境)도
만나고 헤어지는 삶과 같은 사월
우리가 모두 지나간다

2018. 4. 27.

울산대교

바다 위를 날아가듯이
스르르 열리는 길을 오른다

눈앞 길 좌우 쌍 수직선
기둥 위에
묵중하게 앉은 둥근달

잔잔한 물결 위 쌍곡선을
마음대로 희롱하는 보름달

달빛 속으로 날아들며
미소 짓는 여선인(如仙人)

수파를 재운 고해 건너
조화로운 신비경에 행복하다

장맛비

토드락 토드락 두드리며
자장가 불러준다
여름밤 사색에 잠겨 뒤척거리는 나에게

우르르 콰당 탕
우르르 쾅쾅 호통치며 깨워준다
새벽녘 단꿈에 빠져
헤어날 줄 모르는 나를

눅눅한 장마철
엄마처럼 아빠처럼 고맙게
적절히 도와주는 빗소리다

2018. 6. 30.

참 예쁘다

정성으로 물을 주며
꽃나무를 가꾸며 좋아한다
꽃들아 너희들도 참 예쁘다

어제도 보고
오늘도 보고
같이 사는 대중들도 참 예쁘다

서로 마주 보니
향기롭고 정겹다

2017. 7. 24.

작약 꽃

산색이 온통 연두에서 초록으로 변하는데
우리 절 대웅전 앞뜰에는
신비한 힘 차곡차곡 쌓이고

화려한 꿈 겹겹이 뭉쳐서
둥글둥글 앙증스러운 꽃망울 맺혔다

온갖 수심 가득한 사람
실망과 분노에 찌푸린 사람
사랑의 굴레에 얽매인 사람
밝은 소망 이루려고 기도하는 사람

"아유, 아유 고와라
어찌 이렇게도 예쁠까?"

"큰 자비 베풀며 지혜롭게 살자"

외쳐대는 나보다 먼저
절 도량에서 묵묵히 자란 꽃이
만인에게 기쁨과 평화를 주는구나!

깜찍하고 예뻐하는 보살 마음이
예쁘고 귀여운가?
꽃망울 터져서 싱그럽고 찬란하다

2020. 8. 23.

낮달

홀로 있어도
몇 밤을 지나도
변함없이 담담하다

너와 나는 친구야
멀지만 가까운 친구야

2020. 8. 23.

화전놀이

새하얀 솜 깔개에
연분홍 진달래 사뿐히 앉고
가느린 봄꽃 살며시 누웠다

정갈한 솜씨에 고소한 맛
옛 향기가 물씬
우리 얼이 새롭다

화전의 고운 빛깔
진달래 환한 미소
벚꽃의 함박웃음
행복한 숲속 정자
봄 향연 펼친다

다 같이 줄줄이 화전의 장엄
언제 어디서
다시 만날 수 있으랴

2000. 4. 15.

산딸기 1

엄동설한도 묵묵히 이겨내고
오뉴월 뙤약볕도 달게 받고
엊그제 천둥과 비바람에도
태연하더니 오늘 아침엔
솔—솔 맑은 바람에 미소 짓는
곱고 듬직한 군자(君子)가 되었구나!

산딸기 2

한낮에도 고운 별이 주렁주렁
별빛의 유혹에 험난한 언덕을
설레는 마음으로 오르고 매달려
은하수 휘어잡고 별을 딴다

피멍 든 엄마 젖꼭지
그냥 두기 안타까워
응석 부리며 물고 보니
새콤달콤 진미로세

풀꽃 1

키 작아도 하늘에
닿아 있고

얼굴 좁아도
행인마다 알아본다

쪼그마해서
더욱 귀엽다

2020. 8. 23.

구름 2

구름은 요술 화가

새파란 도화지에
강변에 일렁이는 억새꽃도
동녘에 피었다가 지고
또 피는 꽃도 그린다

주황색 고운 물결도
새하얀 맑은 물결도
자유롭게 그린다

그 재주로
맑은 미소 내 얼굴도
추억 담은 내 마음도
그려 보렴

2020. 8. 23.

동녘 찾기

해 뜨는 곳이 동녘이라 하니
밤중에도 알겠는가?

어둠 오면 반가운데
어둠 가면 미소 짓다

배고프면 밥 먹고
피곤하면 잠들고

동녘 찾기보다 쉬운 게
도(道)라고 하더이다

꽃무릇
— 상사화(相思花)

정토사 나드는 길목
초봄에는 새파랗게 긴 팔로
줄줄이 환영인사 하더니
초가을엔 붉은 단장 고운 꽃이
밝은 미소로 도량 참배 인도하네

만인의 귀여움 받는 잎과 꽃
한 뿌리 한 핏줄인데도
잎 지는 철 지나서 꽃 피니
서로 얼굴 보지 못해
그리운 정한이 맺혀 상사화라네

2020. 9. 16.

죽순나물(竹筍菜)

"무거운 흙을 뚫고 솟아나지만
하지(夏至) 후에 죽순은 큰 구실 못 한다"
어머니 말씀

모내기와 밭 가꾸기 바쁜 철에
죽순 뽑아 아름드리 안고 와 삶고 벗기신다

노랗고 연한 것 갈래갈래 찢어서
햇볕에 말리다가
밤이면 거두기를 수일 동안
한철에도 여러 번 하셨다

흡사 마른 오징어채 같은데
물에 불려 무침 하면
쫀득쫀득하고 아삭하고 담백한 맛이다

귀한 먹거리를 자랑도 하고 선물도 했다

해마다 마른 죽순나물
노년까지도 한결같이 가져다주시던
자랑스러운 우리 어머니
새삼 그립다

녹차나무처럼

진초록 잎새 차로 몸과 정신 맑혀주고
새하얀 꽃향기로 벌을 불러 번성하듯

지혜 교훈 나눔으로 맑고 고운 향기 되고
자비로운 실천으로 평화 세상 이루어요

찻잎처럼 싱싱하게 녹차처럼 향기롭게
내 건강 지켜가고 내 마음 가꾸어요

눈보라도 이겨내고 뙤약볕도 달게 받아
토실토실 갑옷 입은 열매 자랑하듯이

인연 따라 설법하고 세월 따라 방편 쓰며
순경(順境) 역경(逆境) 담담하게 좋은 나날 이루어요

찻잎처럼 싱싱하게 녹차처럼 향기롭게
내 건강 지켜가고 내 마음 가꾸어요

태화강 십리대숲

인심 따라 절로 절로 흐르는 물
티끌 없이 맑고 밝게 살자 하고

철따라서 향기롭게 피는 꽃은
바람 없이 곱게 곱게 살자 하고

자유 간격 줄지어 선 대나무는
사견 없이 곧게 곧게 살자 하네

계절마다 싱싱하게 푸른 나무
집착 없이 인연 따라 살자 하고

삶의 열기 식혀주는 은은한 바람
걸림 없이 자유롭게 살자 하고

부름 없는 대숲 길을 걷는 사람
나날마다 방긋 웃고 살자 하네

태화강 국가정원 꽃단지

맑은 강변 싱싱대숲 청량 향기 쉴 새 없고
드넓은 꽃정원 꽃양귀비 고운 손짓
금양화 안개초 청순 미소로 여름 마중
희고 붉은 무궁화 애국 향기 솔솔 나고
코스모스 한들한들 환영인사 귀엽고요
문화시민 온갖 미소 철따라 피고 지네

지역주민 천혜 자연 사랑하고 가꾼 보람
방문객은 좋은 추억 온 국민의 보배로세

오색국화 입체공연 관객마다 박수갈채
덩굴터널엔 둥글둥글 길쭉길쭉 열매 자랑
가로지른 개천 변에 갈대 솜털 휘날리어
가을 배웅 재촉하니 인심까지 한가롭네
박람전시 소(小)정원들 각양각색 조화롭고
오가는 이 감탄찬사 굽이굽이 피어나네

지역주민 천혜 자연 사랑하고 가꾼 보람
방문객은 좋은 추억 온 국민의 보배로세

자효사(慈孝寺 Chùa Tù Hièu)

베트남 중부 안남(安南)왕조 마지막 궁성도시
후에(Hue) 지역 평탄한 숲속 고찰 전각들 수목들
서로서로 격려하며 만생명 불러 모은다

희끗희끗 고색 자효사 대문 안에 아담한 연못
흐린 물에도 물고기 한가롭게 놀고 있다
월남 전통 양식의 대웅보전
웅장하기보다는 섬세하고 아름다운데
인고(忍苦) 견딘 지붕 새 단장 한창이다

후방엔 빛바랜 법당 내 불보살님
중생들 원 들으시고
자비은덕 베풀고 고락성쇠 지켜온 세월
한량없음이 보인다

동서양의 사람들 맑은 눈빛으로
줄줄이 참배 견학에 몰두하고 있다

큰 법당 좌측 요사채 지나니 옛 고승 부도탑*들
각양각색의 문양과 게송(偈頌)들도 수많은 풍파
견디었다고 잔잔히 일러준다
조사님 무언설법에 참배객 조심조심 경청한다

'자효사주지임제휘해소갈마아사리대노세탑' 정문에
단월백년영음(檀越百年永廕)
효자만고류광(孝慈萬古流光)
이란 묵필에 시선 멈춘다
"바램 없는 나눔은
백 년 넘어 길이길이 음덕 되고
자비효행은
만고에 흐르고 흘러 빛난다"
자효사 오랜 교훈
새삼 다시 새겨 본다

큰 법당 우측 넓은 수행관 옆
세계적 명상스승 평화운동 대가
틱낫한 큰스님* 처소가 있다

우리 일행은 시자 스님께
간절한 친견원(親見願)을 고하였다

설렘과 긴장감으로 조심조심
위대한 스승님 방 앞에서 기다렸다
휠체어 타고 나오신 구순 지난 큰스님께
존경과 감사와 정성을 다하여 절을 올렸다

틱닛한 큰스님은 말씀 없이 왼손만 들어
답례하셨다
"자신의 생각 바로 보아 깨어 있어야 한다
자네들 자비행원(慈悲行願)도 내가 평생
걸어온 인류평화 지키자는 길과 같구나!"

* 부도탑 : 스님들 사리나 유골을 모신(보관) 탑.
* 틱닛한 큰스님 : 1960년대 남북 베트남전쟁 당시 전쟁 피란민, 부상자 구호를 하셨고, 미국 각지에서 전쟁중지 운동을 벌이신 평화운동가. 유렵, 미국, 호주 등에서 명상지도를 하셨다. 1982년 프랑스 보르도 지방 명상공동체 플럼빌리지를 세워 마음챙김 수행으로 개인과 사회 평안을 가르치셨다. 저서로는 『틱닛한 기도의 힘』『틱닛한 명상』『화해』『화』『반야심경』『너는 이미 기적이다』 등 다수가 있다. 대부분 한국어 번역 책으로 출간됨.

제2부

비워야 채운다

보약

이른 아침 텃밭 가꾸기
건강 지키는 최상급 보약이다

무리 없이 하는 노동
대가 없이 얻는 소득이다

우리나라 제철 먹거리
튼튼한 몸에 고급 보약이다

시장함 견디어 지은 반찬에
친절 미소로 조미료 치고
천천히 꼭꼭 씹는 여유로움이다

2019. 9. 27.

베란다 텃밭

맑은 바람 속에 깜찍하게
얼굴 내민 고추꽃, 가지꽃
여리게 피어나는 상춧잎

상큼한 이른 아침마다
반갑게 마주 보는 친구들

싱그러운 잎새에 귀 기울이며
작은 꽃과 눈 맞추고 속삭인다

자연을 알고 사랑을 나누고
작은 보람과 기쁨을 느끼며
정을 아는 나 자신을 발견한다

아빠는 텃밭의 싱싱 채소 자랑하시고
엄마는 맛 좋다며 먹자고 권유하시던
부모님 농심(農心) 가족 사랑 되새긴다

2018. 6. 20.

알찬 소득

추석 뒷날 아침
울산공원묘지 곳곳을 다니며
굽실굽실 주워 담는 분이 있다

자손이 정성으로 추모하며 올린
사과, 배, 감, 밤, 대추들을
조상님 흔연히 응감하셨고
밤이슬 함초롬히 맞은 채
석상에 곱게 앉았다

깎은 것, 먹다 만 것
새와 짐승 밥으로 남겨두고
온전한 것만 두 자루 짊어지고 의기양양

"조상님 덕분에 우리 가족 과일 잔치하고
석상에 오물도 악취도 청소했으니
일거양득 실속 있는 알찬 소득입니다"

묘지의 자손들 찬반 의견 있겠지만
"기특하고 실용 지혜와 용기 있는 실천이다"
혜안을 찾은 나의 수확이다

2015. 9. 28.

실속

정토사 지장전 조상님 영전에
나란히 의좋게 앉아 있다

사과, 배, 수박, 참외, 바나나는 좌우로 앉고
밤, 대추는 중심에 앉았다

쭈글쭈글 주름투성이 조그맣게 앉은 대추
개성 없이 색도 희미한 몸매 숨은 듯한 밤
세수하고 화장한 흔적도 없다

새빨갛게 단장한 사과, 노란 몸매 배
반짝반짝 금빛 치장 참외, 그들이 하는 말
우리는 철따라 가끔씩 여기 와 앉는데
밤 대추 너희들은 볼품없이 쪼끄마한데
사시사철 조상 맞이할 때마다
초대받아 중심석에 앉아 있는가?

우리는 펄펄 끓는 열탕도
꽁꽁 얼어붙는 추위도 잘 견디지
누구나 줄 수 있는 영양도 있고
언제나 발휘할 힘도 있단다

청소년 아들딸이 제사상에 절 올린다

2016.

엇질 1

축하객 가득한 결혼식장

서로 존중하고 이해 배려하고 사랑한다
각자 도리 충실히 하고 원망하지 말 것
신랑 신부 같이 약속한다

양가 부모님께 보은의 절
신랑은 단정한 양복 차림
온몸 숙여 오체투지(五體投地)
한국식 큰절한다

신부는 거추장스러운 옷차림에
고개만 살짝 숙인다

원천(源泉)도 국적(國籍)도
모르는 절을 한다

2019. 10. 20.

엇질 2

30대 후반 처녀
오작교에 중매 신청해 동년배 총각 만났다

반년 동안 탐색 데이트로
소득 성격 가치관 살아온 이력
모두 알고 백년가약(百年佳約) 서로 동의했다

부모님께 고(告)하니
"궁합 안 맞아 못 한다"

오작교* 실무자가 애석하다며 처녀 모친께
"우리 절 불교대학 학장 스님 만나 보세요
궁합 걱정 해결됩니다"

"우리 절 스님이 안 맞다 하는데
당신 절 스님 만날 일 없어요"

* 오작교 : 정토사 결혼인연부(중매사업부)의 별칭.

2019. 10. 20.

자신을 다스리면

코로나19 막는다고
마스크 쓸 때는 자타 위한 자비행
마스크 벗을 때는 상쾌한 자유

한적한 산길 걷지만
만인과 나를 위한 길이다

한 걸음 내디디며 여기 건강한 세상
한 걸음 내디디며 여기 행복한 세상

모이지 말라 함은
공포가 아닌 보호의 메시지다

사회적 거리두기 집회 금지로
한가한 시간 자신을 다시 보는 기회
하는 일 다시 점검하는 성찰의 시간

한 생각 잘 보고 알아차려서
자신 잘 다스리면
내 갈 길 바로 아는 수행의 길
큰 지혜 완전 행복에 이른다

2020. 3.

낙엽을 쓸며

울산 문수로217번길은 장엄한 부처님 도량 길
정토사 대중은 사흘마다 낙엽 쓸기
길 청소를 한다

소나무, 참나무, 벚나무 낙엽들이 하는 말
"손님맞이 소제에 바쁘신 스님들
자비롭고 슬기로운 불자님들
우리 낙엽들을 보기 싫다고 쓸어내지 마시고
「뙤약볕도 세찬 비바람도 견디며 둥치 뿌리 튼실히 키우고,
마을에 신선 공기 주느라고 참 수고 많았지」
칭찬 격려해주면 어떠세요"

"그래 큰일 하느라고 푸르고 싱싱함은 사라지고
울긋불긋 곱게도 작별하는 너희들 모아줄 테니
행인들을 위하여 밟히며 소리 내며 기쁨 주고
한 번 더 자비 봉사하여라"
세상의 귀감이 되리라

2015. 추석

어머님 교훈

흙을 파고 씨 뿌려야 행복 온다고 하시니
동녘이 밝아오면 밭 갈고 김매면서
근면 성실 자작자수(自作自受) 배우고 익혔어요

책 보기 힘겨우면 도량 쓸고 쇠꼴 베어라
되로 글 배웠어도 말로 글 써야 한다
교과 공부 성적보다 인내 실천 길렀어요

자식이 아프면 백 리도 마다않고 약을 찾고
이웃 사람 아프면 밤중에도 응급치료
참사랑 솔선수범 몸소 실천하였어요

안팎으로 정직하게 온 가족 믿음 주고
언제나 당당하게 헌신하신 어머님
무량으로 크신 교훈 시공(時空)에 빛나네요

우리는 좋은 인연

고향이 어디냐, 소득이 얼마냐 묻지 마세요
건강한 몸, 편안한 마음 언제나 고운 미소
가나오나 생각하고 존중 배려한다면

우리는 좋은 인연 한결같이 사랑해요
한마음 변함없이 날마다 행복해요

어디에 사느냐, 가족도 학력도 묻지 마세요
하는 일에 전념하고 일마다 불만 없이 밝은 모습
자나 깨나 생각하고 이해 공감한다면

우리는 좋은 인연 한결같이 사랑해요
한마음 변함없이 날마다 행복해요

일기 1

3월 28일
지역 위해 만인 위해 전통문화축전 잘 하고
시민 화합 안내하자고
임원 소집하였건만
출석 인원이 적어서 회의는 정원 미달

개성 뚜렷한 회원님들
뉘 분부라 모이리요

소임자의 책임도 구호중생 외침도
개성에 맞아야 하는가?
각자 사정이 있겠지

내 지혜 능력 부족도 알고
시절인연 알고
자신 돌아보고
인욕 공부하게 되네

2013. 3.

김장 담그기

정성 들여 힘 모아 겨울 먹거리 마련
각각 힘 모여 큰 결실 큰 공덕 짓고

"후유, 힘들었다 한참 쉬었다 해요"

모두가 힘겨움보다
보람과 환희 찬 표정이 맑다

울긋불긋 양념 범벅된 배추
소감 한마디 들어봤을까?

수상촌(水上村)

흙탕물 거울에 얼굴을 보고
대소변하고 얼굴 씻고 세탁까지

뙤약볕 물바람에 검고 검은 얼굴
그물 잡은 팔뚝에 역동하는 힘줄
질긴 생명 끈을 물결에 던져둔다

햇살 좋아, 물결 좋아, 정이 들어서
조각배 위에 띠 움막 짓고
고깃배에도 유람객에게도
천진한 미소로 손 흔든다

벽 없는 단칸방에 아들딸 줄줄이
흔들흔들 장단 맞추어 뱃노래 하며
한세상이 한가롭다

주어진 인연법에 순응하는 삶이구나!

1998.
캄보디아 톤레사프호에서

평화의 봄소식

새하얀 목련꽃보다
맑고 고운 사람들
꽃보다 향기로운 마음들
대한민국 자비 평화로
잘 지켜준다

온갖 고운 꽃 피는 봄
평화 향기 솔솔 두루두루 퍼진다

지난해 말 한반도는
최신 무기로 시위 협박당하는 땅
핵무기 공포의 나날이었다

남북 문화 체육 교류 정상회담
전쟁 위기 그치고 평온하다
비핵화 협상에 평화 기운 퍼진다
남북미 정상회담에 훈풍이 불어온다

화쟁(和諍) 평화 협상하는 마음
어떤 꽃보다 곱고 향기롭다
어떤 보석보다 빛난다

2018. 5.

청년 일자리 1

농사, 공장, 소기업
일꾼 구하기 어렵고
모두 외국인 일꾼들이다

중년 장년 여성도
가사와 직장 일까지 한다

한국 청년도 눈높이 낮추어
땀 흘린다면
보람된 일자리도 많다

정부도 정치인도 보도 매체도
청년 일자리 없다고만 하지
일자리가 많다는 말은 없다

청년 일자리 2

요즘 청년들
온몸에 땀 줄줄 흘리며 일해 보았는지?

자존심도 주장도 모두 버리고
일해 보았는지?

우리 부모님들 조부모님들의 노고와 희생
상세히 살펴보았는지?

요즘 부모님들
자녀를 땀 흘리며 일터에 순응하는 교육
훈련은 시켜 봤는지?

신문과 방송

국방 무기 선정과정부터 설치 장소 모습
국가 안보엔 분명히 손실인데도
반대 시위까지 소상히 보도하네

신분증 위조 사문서 위조
모방 범죄 우려되는데도
사실 방법까지 상세히도 보여주네

도시에 단독주택
조금 낡은 아파트
농촌 마을 집
빈집 빈방 많은데
주거 주택 모자란다는 보도만 하네
집이 남아돈다는 보도는 없네

전월셋집도 세입자 능력에 맞는다면
내 집처럼 살 수 있다는
말은 없네

제3부

인연 따라

범종각(梵鐘閣) 옻칠 현판

옻칠 독기 맞서가며
영구히 보전되라고 생칠 다음 오색칠
문양 따라 조심조심 있는 힘 다 쓴다

범종 소리는 은은히 퍼져 중생 고통 녹이고
난각* 옻칠 현판은
만인의 시선 모아 미소 짓게 한다

조석으로 시각 맞추어 울리는 범종도 보배
언제 보아도 고운 모습
종각도 현판도 보배

오래오래 울리소서
길이길이 빛나소서

* 난각(卵殼) : 알 껍질, 조류의 알 겉 부분. 난각 옻칠은 알껍데기 잘게 조각내어 옻칠로 붙인 것.

비행기처럼 2

행복 찾는 님들이여
보이지 않는 길 불 비친 듯 찾아서
폭풍우 비껴가는 비행기가 되고프면
들숨 날숨 집중하여 산란심 이기고
염념(念念)마다 고요해지기를

행복 찾는 님들이여
버틸 땅 한 뼘마저 구름 아래 버리고
바람같이 날아가는 비행기가 되고프면
자비로운 부처님 부르고 또 불러
평상심 가운데 부처님 모시기를

행복 찾는 님들이여
수백 명 목숨 줄 한 품에 안고
구만리 먼 길
걸림 없이 날아가는 비행기가 되고프면
순경(順境) 인연 따라 역경(逆境) 지나가도록
부처님 혜안(慧眼)처럼 세상일 살펴보고
내 마음도 바로보기를

2019. 4. 10.

사별(死別)

사랑하는 가족 존경하는 님
이별도 슬픈데 죽음이야 오죽할까?
사별의 아픔 오죽할까?

자신의 생사(生死) 더 깊이 성찰하고
가꾸라는 절호의 기회다
자신 지나온 길 돌아보고
나아갈 길 살펴보라는 교훈이다

남은 가족 더 사랑하고
더 위해줄 시기이다
주변도 살펴볼 기회이다

사별의 상처도 아물며 새 삶이 차오른다
몸에 상처가 아물며 새살이 차듯이

간절히 부처님 생각 절실한 내 마음에
부처님 채우는 염불하면
한 맺힌 괴로움도 사라지고
희망이 솟아난다 평안해진다

부처님 길 따라

하루 세끼 먹지 않고
오전에만 먹고
겉옷이 온몸 감싸지 않고
우측 어깨와 팔은 벗겨두는 사람

자라나는 머리털 잘라서 민머리로
자웅 동거 거부하고 독신으로 사는 사람
마을도 벗어나 숲속에 살기 좋아하는 사람

농사도 장사도 아니하고 얻어먹고
오욕 향락도 고행도 극복하고
부처님 길 가는 사람

산란심 욕망 집착 극복하고
선정 삼매 정진하여
심성 보아 알아차려 맑은 경지
평안 경지로 가는 사람

사람과 영혼까지
인도하는 스승이 되는 사람

2019. 9. 27.

* 첫째 연은 남방근본불교 스님의 의식(衣食)입니다.

정토사 벽화

법당을 호위하며 희멀겋게 서 있던 벽에
스님의 원력(願力) 어린 구상(構想)이
화가의 손끝으로 출현(出現)하였다

부처님 말씀 조사(祖師)님 행적(行蹟)
소상히 그린 발자취 선명하다
불교 전래 민족 역사 줄줄이 걸어 나온다

병에 맞는 양약 수준에 맞는 교재
곱고 곱게 정연(整然)하다

다른 데는 없는 창작품
소리 없이 설법하는 벽화

우러러 바라보아도
또다시 보고 싶다

오색불상 탄생기

콩알 하나에도 부처님 마음이 들어가듯
하늘이 내린 물벼락, 그 고통에도
감실 부처님은 오셨다

우르르 콰광 쾅 낙뢰와 물 폭탄
법당 옆 산자락이 순식간에 무너진 날
가늠할 수 없는 막막함이 눈앞에 닥쳤는데
어디선가 자비와 덕행, 지혜의 목소리로
어서 일어나라!
인명 사상(死傷) 없으니 다행이지
복구는 네 마음에 있어
죽비를 내리쳤다

첫 단 감실에 오방불(五方佛)*
넷째 단에 삼세불(三世佛)*
감실마다 오채색 팔불
벽에 앉은 부처님들
법 나누려고 법당으로 오신다

날마다 온 세상 중생들
손잡아 이끌어 주신다
세계 유일의 성보(聖寶) *
언제나 누구나 반갑게 맞이하신다

* 오방불(五方佛) : 우주 공간 다스리는데 오 방위마다 각각 맡은 부처님 중앙 비로자나불(자연의 진리불), 동방 약사여래불, 남방 보생불, 서방 극락교주 아미타불, 북방 불공성취불.

* 삼세불(三世佛) : 먼 과거 세상에 출현해 세상을 다스린 연등불, 현재 가까운 세상에 출현하셔 온 인류를 평안케 다스린 석가모니불, 먼먼 미래세상 출현하실 미륵불.

* 세계 유일의 성보(聖寶) : 울산 정토사 남측에 높이 16m, 길이 30m의 큰 옹벽에 좌고 2m의 8대 불상 각각이 다른 채색 불상. 감실 주변에 세로 2.4m, 가로 3.5m의 세계 유명 탑 사진(인도 대보리사탑 등) 8개로 장식되었다.

전화위복
— 옹벽감실불

낙뢰와 물 폭탄 시간당 300밀리
2016년 10월 5일
법당 옆 높은 산자락이 순식간에 길게 무너졌다

대중이 탄식 중에도 주지는
지질학자, 구조학자, 토목설계자, 토목시공자
관계자 여러분 만나고 만나서
안전하게 견고하게 버티도록 복구하고자
조사 연구 설계로 노심초사(勞心焦思) 밤잠 설쳤다

이듬해 철근콘크리트 계단식 구조로
한 단계 한 단계 쌓아 올리며
돌과 나무 조화로운 옛 언덕이 그립다

도량에 회색 옹벽이 법당보다 높아서
차디찬 삭막감 풍겨 기도하며 궁리하던 중
불도량엔 역시 부처님상이 좋지

여덟 계단식 옹벽에 오방불(五方佛)
삼세불(三世佛) 모시도록
얕은 굴[龕室]을 섬세히 정성 들여 지었다

감실마다 오채색 팔불(八佛) 앉으시니
옹벽이 찬란하고 도량은 장엄하다

법다운 점안 법회에 일천여 불자
안도 미소 밝고 염불 기도 간절하다

사람도 자연도 모두 어울려 있고
변화무상(變化無常)한데
안전하게 만인 위해 밝은 모습으로
견고하게 옹벽 짓는다는 염원과 노력은
천재지변(天災地變) 훼손처를 고귀명물(高貴名物)로
근심을 기쁨과 보람으로 바꾸었다
전화위복(轉禍爲福)이다

빗소리

우두두 좌르륵
슬레이트 지붕에 비 내리니 환상의 곡조

딩딩딩 땡땡
함석지붕에 비 내리니 경쾌한 놀이 화음

투두둑 툭툭
기와지붕에 비 내리니 무뚝뚝 냉정한 곡조

살짝이 스며든다 줄줄 주루룩
초가지붕에 비 내리니 조심조심 겸손 화음

지붕 아래엔 방실방실 푸우 푸우
함께 가는 사람 따라 빙그레 웃는다

2019. 9. 27.

연꽃처럼(如蓮花)

열심히 부지런히 사는 일도
쉴 틈 공간 있어야지

자비 실천 큰 사랑도
텅 빈 공간
여유로움 있어야지

지난 일 후회도 해야 할 일 걱정에도
지워가는 공간 있어야지

연뿌리와 연 줄기가 숭숭한 구멍으로
속이 비어도 고운 꽃 피우듯이
알찬 열매 영글듯이
싱싱하고 아름답게

여유로운 호흡 막힘없는 소통
언제나 올곧게 당당하게

자장(慈藏) 큰스님 이야기

신라 시대 부친께서
정성 다해 관세음보살 기도하며
「아들 두면, 승려 되어 불교의 진량(津梁) 되게 하겠습니다」
자장 스님 탄생하셨대요

"계율 지키며 하루를 살지언정 계(戒)를 파(破)하고 백 년 살기를 원하지 않습니다"
재상(宰相) 취임 왕명 받고 말씀하시니
여왕님은 명령 거두시고 수행 허락하셨대요

통도사 지어 금강계단(金剛戒壇) 개설해
만백성 불법(佛法) 계율(戒律) 믿고 지켜
맑고 바르게 살도록 하신 애민 호국의 큰 스승 되셨대요

중국 산서(山西) 지방 오대산에서
부처님 진신사리 모셔와
경주 황룡사, 울산 태화사, 양산 통도사에 봉안(奉安)하고
강원도 월정사와 몇몇 산에도 봉안하셨대요

자장 큰스님 신라 대국통 왕사가 되셨고
불교 십여(十餘) 사찰도 크게 지어
나라에 아주 크게 공헌하셨대요

2020. 8. 23.

무소유

오늘은 내 승용차도 잊었다
절도 집도 잊었다

믿음직한 불자* 가자는 대로 가다 보니
한적한 은행나무길 지나서….

참 곱다, 아주 상쾌하다
샛노란 은행잎이 빙그레 미소 짓는다

내 돈도 소유물도 전혀 없는데
맛 좋은 밥 먹고 즐겁게 쉬는구나
경전에서 배운 무소유
현실에서 실행한다

정 주고 노력해주지 않는다면
소유한 만큼 서운함과 원망이 따른다

집착 줄이고
인연법 순응하여 욕망 버리고 나니
나날이 행복한 훤한 길이 열린다

＊불자(佛子) : 부처님 제자, 불교의 승려와 신도 모두가 불제자이다.

〈시작(詩作) 후기〉
평소에 부처님 가르침대로 욕망을 줄여라, 소유를 줄여라. 그래야만 편안하고 서로 화목하고 평화롭다고 자주 말하고 가르치고 그렇게 믿고 있다. 그러나 정토사 주지 맡아 포교를 하다 보니 소유하고 관리할 것도 많고 만날 사람도 만나자는 사람도 많다. 가까운 인연부터 포교하여 슬기롭고 지혜롭게 살도록 지도하고 도우려고 노력하고 있다. 그러나 일들이 피곤하고 힘겨울 때도 간간이 있다. 그때마다 나 자신을 돌아보며 지혜롭게 살지 못함을 자책하기도 한다. 계획도 없이 주관도 말하지 않고 신도 제안대로 도시 외곽을 따라가 보니 상쾌하다. 가을 경치도 곱고 식사 받고 대화하니 무소유 무주장이 편하고 좋다.

풍방수방(風防水防)

유람선 갑판에서
구명복 입고 양산 펼쳐서
물에 빠질까
바람에 밀려 넘어질까?
긴장하며 작은 유람선 타고 간다

강변 들녘 소들은 한가롭고
먼 산 봉봉엔 하얀 탑들이 빛난다

넓고 긴 이라와디강을 거슬러 간 종착지엔
새하얗게 웅장한 신뷰메파고다와
세계에서 두 번째 큰 종 밍군벨이 있다
세계 최대급 밍군 대탑도 있다

모두 다 자성(自性) 바로 보아 다스려서
밝은 나날 평화 세상으로 향해 간다

2012. 가을
미얀마 만달레이 지역 이라와디강의 밍군 지역행 유람선에서

하얀 쌈밥 검은 쌈밥

아빠는 검은 종이에 밥 싸서
한국 김밥이래요
엄마는 하얀 종이에 야채 싸서
비엔남* 쌈밥이래요

나는 즐거워요
먼 나라 비엔남* 요리도
우리 한국 음식도
모두 잘 먹어요

언제나 감사드려요
아빠 감사해요, 깜언빠*
엄마 감사해요, 깜언마*

나는 자랑해요
한국말도 잘하고 비엔남 말도 잘해요
나는 참 행복해요

아빠 엄마 동생까지
서로 사랑하고
서로 돕기 잘해요

* 비엔남(越南) : 베트남의 원어.
* 깜언빠 : '아빠 감사해요' 베트남어.
* 깜언마 : '엄마 감사해요' 베트남어.

태화루(太和樓)

태화강 깊은 물살 굽이치는 언덕 위
우뚝 선 누각 울산의 명소
시민의 자랑거리다

천여 년 전 태화사 대문 위에
대화합 대평화 외치던 범종루(梵鍾樓) *
자장율사께서 불사리(佛舍利) 모신 탑과
크고 작은 전각(殿閣)들은 어디로 보냈는지

홀로 서서 버티다가 뼈와 살을 잃고
현판(懸板)만 숨어 지낸 인고(忍苦)
세월 얼마였던가?

세상 인연 따라
산업 세상, 생태 도시 일백만 울산시민 성원으로
장엄한 누각 다시 세워져 섬세하고 화려하다

누각 옆 십리대밭 꽃밭단지 조화로워
대한민국 제2호 국가정원 되었다

인심도 세상도 묘한 어울림
화려한 조화도 변화무상하다

* 범종루(梵鍾樓) : 큰 종을 매달아 울려 불법(佛法) 펼친다는 누각. 태화루는 태화사 대문채 위에 대종 매달린 누각이었다고 전해온다.

2020. 8. 23.

태화사(太和寺)

강변 들녘에 탑 세워
신라 시대 자장 큰스님
부처님 진신사리 봉안(奉安) 절 지어
태화사라 칭명하셨다

중국 산서성 오대산(五臺山)에서
모셔 온 불사리(佛舍利)
황룡사, 태화사, 통도사에 모셨다
삼국유사 전해준다 *

태화는 평화정신 문화의 근원
우리나라와 울산의 근간이 되었다

일천삼백여 년간 절터 남녘에
흐르는 태화강은 한결같이 유유한데
절 모습 간곳없고
이름만 남아 창창하다

오직 석조십이지신상사리탑(石造十二支神像舍利塔)*만
오늘까지 남아 울산 박물관에서 외로이 울고 있다

* 國史云, 眞興王 大淸三年己巳, 梁使沈湖, 送舍利若干粒, 善德王代 貞觀
十七年癸卯,慈藏法師所將佛頭骨 佛牙 佛舍利百粒 佛所著緋羅金點袈裟一
領, 其舍利分爲三, 一分在黃龍塔, 一分在大和塔, 一分并袈裟在通度寺戒壇
其餘未詳所在『三國遺事』「卷第三 塔像第四 前後所將舍利」
〈국사(國史)〉에 이렇게 말했다. "진흥왕(眞興王(진흥왕) 때인 태청(太淸) 3년, 기사(己巳: 549)에 양(梁)나라에서 심호(沈湖)를 시켜 사리(舍利) 몇 알을 보내왔다. 선덕왕(善德王) 때인 정관(貞觀) 17년 계묘(癸卯: 643)에 자장법사(慈藏法師)가 당(唐)나라에서 부처의 머리뼈와 어금니와 부처의 사리 100알과 부처가 입던 붉은 비단에 금색 점이 있는 가사(袈裟) 한 벌을 가지고 왔는데, 그 사리를 셋으로 누어 하나는 황룡사(皇龍寺) 탑에 두고, 하나는 대화사(大和寺) 탑에 두고, 하나는 가사와 함께 통도사(通度寺) 계단(戒壇)에 두었으나, 그 나머지는 어디에 있는지 자세히 알 수 없다." — 『삼국유사』「권제사 탑상편 전후소장사리조」

* 석조십이지신상사리탑(石造十二支神像舍利塔) : 십이지신상사리탑이라 하지만 본래 태화사 사리탑의 일부로서, 사리함을 담은 조형물로 추측한다.

기억 비워야지

그때 그 일 생각나니 분하고 괴롭다
훌륭한 인재 되고자 새벽밥 먹고
시오리(十五里)길 걸어서 통학한 시절
이유 없이 선배가 말도 없이
나를 마구 때리고 괴롭히던 일

차근차근 도량 전각(殿閣) 불사(佛事)에
포교하며 정진하던 시절
한 신도가 뜻을 거슬러서 재물 손실 당하고
절 위상도 훼손되었던 일

그 선배도 소식 없고, 그 신도도 떠났다
분하다, 얄밉다, 괴롭다는 실체도 모양도 없다
다만 기억만 남아서 추억할 뿐
그 기억만 지우면 편안하다

서로 관계 속에 변화하는 인연법 따라
어리석어 지은 업보도 따라 지나간다
지나갔음을 알아차리고
기쁜 생각을 채운다

그 아픔 지워야지

그 후회 그 아픔
잊어버리면 묘약 지우면 선약
그때 그 일 이제는 없고
모든 것 인연법대로 지나가고 사라졌다
다만 기억에 있고
추억에 있을 뿐이다

좋은 추억 나쁜 기억 지우면
애정도 아쉬움도
안타까움도 사라진다
그때 그 사람도 그 일도 잊고 지워야만
그 아픔 씻어서 밝은 세상 열린다

영혼도 산사람도
허공처럼 텅 비고 맑은 경지 된다면
부처님 같은 마음 되어 부처님께로 향해 간다

해변을 걸으며

물결이 말끔히 씻어놓은 비단결에
나란히 나란히 인장을 찍는다
두 줄로 똑같이 수천 개를 찍는다

어제 찍은 자국이 오늘 보니 지워졌다
지워져도 지워져도
오늘도 내일도 찍고 또 찍는다

모래 위의 발자국을 지우듯이
어제의 꽃길 추억도 내일의 설계도
파도여 모두 지워다오
바다여 모두 담아 녹여다오
겹겹이 몰려드는 파도처럼
들숨도 날숨도 쉴 새 없이 드나들어서
망상을 모두 알아차려서 씻어내니 맑고 고요하다

깨달음의 길 성인의 길
밝고 편한 그 길이 여기로구나!

제4부

언제나 기쁨

언제나 기쁨

지혜의 광명으로
청정본심을 보아서
내 자신을 다시 보니
근심 고뇌 사라지네

나의 길 너의 뜻 알아
서로 인연에 순응하고
고운 미소 밝은 얼굴
언제나 기쁨일세

왕위도 벗어 놓고 떠나신
부처님을 따라서
욕망 집착 벗어나면
내 맘이 극락이오

우리 모두 웃음꽃 피는
불국정토 이뤄보세

한 생각 집중하여
본래 본심을 찾으니
찌든 번뇌 사라지고
맑은 마음 여여하네

지난 일 다가올 일
모두 말끔히 씻어내고
인연 따라 살아가리
언제나 기쁨일세

향락과 고행 다 이기신
부처님을 따라서
번뇌 망상 벗어나면
내 삶이 평안이오

우리 모두 행복한 나날
불국정토 이뤄보세

언제나 기쁨

덕진 스님 작사
박 이 제 작곡

Andantino (ca.72) 서정적이며 사랑스럽게

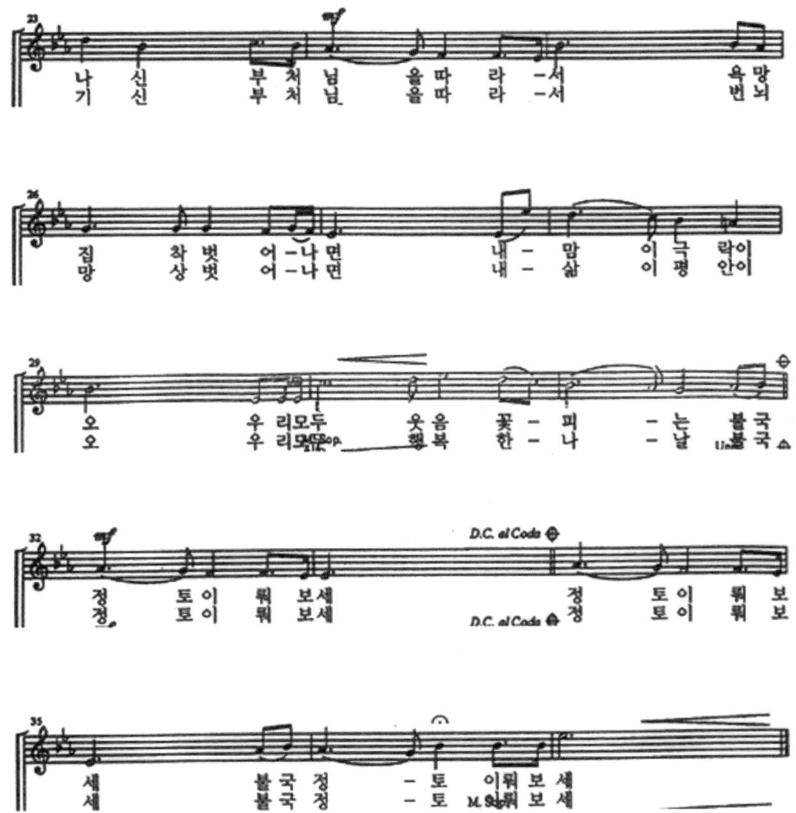

나 신 부 처 님 을 따 라 -서 욕 망
기 신 부 처 님 을 따 라 -서 번 뇌
집 착 벗 어 -나 면 내 - 맘 이 극 락 이
망 상 벗 어 -나 면 내 - 삶 이 평 안 이
오 우 리 모 두 웃 음 꽃 - 피 - 는 불 국
오 우 리 행 복 한 - 나 - 날 불 국
D.C. al Coda
정 토 이 뤄 보 세 정 토 이 뤄 보
정 토 이 뤄 보 세 정 토 이 뤄 보
D.C. al Coda
세 불 국 정 - 토 이 뤄 보 세
세 불 국 정 - 토 뤄 보 세

구름 1(동요)

저 높은 파란 하늘에
내 마음도 함께 떠난다

하얀 그림 높이 뜨면
산길 운동 좋아하고

검은 그림 낮게 뜨면
수확 농부 바빠지네

내 마음은 하얀 그림
따라가는 색일까?

내 마음은 검은 그림
따라가는 색일까?

흰 구름 먹구름 뜨면
미운 마음 이겨내고

잿빛 하늘 드리워도
우리 서로 다정하네

나는 부처님 닮아가는

마음 고운 아이이지

저 흰 구름 따라가는
내 마음이 즐겁고

저 먹구름 따라가는
내 마음도 즐거워요

* 찬불가와 불교 동요 음박제작 전문업체 '풍경소리' CD로 제작되어 동요로 불리고 있다.

2020. 8. 23.

구 름 1

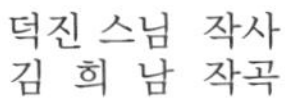
덕진 스님 작사
김 희 남 작곡

♩=100

F C B♭ C

저 높 은 파 란 하 늘 에 내 마 음 도 함 께 떠 난 다
흰 구 름 먹 구 름 뜨 면 미 운 마 음 이 겨 내 ― 고

5 F Dm Gm C7 F

하 얀 그 림 높 이 뜨 면 산 길 운 동 좋 아 하 고
잿 빛 하 늘 드 리 워 도 우 리 서 로 다 정 하 네

9 B♭ Gm C7 F C

검 은 그 림 낮 게 뜨 면 수 확 농 부 바 빠 지 네
나 는 부 처 님 닮 아 가 는 마 음 고 운 아 이 이 지

13 F B♭ C C7

내 마 음 은 하 얀 그 림 따 라 가 는 색 일 까
저 흰 구 름 따 라 가 는 내 마 음 이 즐 겁 고

17 F B♭ Gm C7 F

내 마 음 은 검 은 그 림 따 라 가 는 색 일 ― 까
저 먹 구 름 따 라 가 는 내 마 음 도 즐 거 워 요

서원

자기주장과 오만함에 빠진
캄캄한 어둠
이 몸이 촛불 되어
기꺼이 밝히오리다
향락에 배인 악취
지식에 찌든 냄새
해탈의 향이 되어
맑히오리다
끝없이 쉴 새 없이
행하오리다

말과 글들의 시비에 걸려
실천 없는 어리석음
바라밀행 보살 되어
기꺼이 건지오리다
아만과 질투 증오
깨끗이 지워서
해탈의 향이 되어
맑히오리다
끝없이 쉴 새 없이
행하오리다

서 원

덕진 스님 작사
김 희 남 작곡

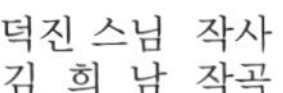

♩=86
mp
cresc.
자 기 주 장 과 오 만 함 에 빠 진 _ 캄 캄 한 어 둠
말 과 글 들의 시 비 에 걸 려 _ 실 천 없는 어리석 음
mf
decresc.
이 몸 이 촛 불 되 어 기 꺼 이 밝 히 오 리 다
바라 밀 행 보 살 되 어 기 꺼 이 건 지 오 리 다
mp
향 락 에 배 인 악 취 지 식 에 찌 든 냄 _ 새
아 만 과 질 투 증 오 깨 끗 이 지 _ 워 _ 서
1.
mp
mf
f
해 탈 의 향 이 되 어 밝 히 오 리 _ 다
2.
mp
rit.
a tempo
rit.
끝 없 이 쉴 새 없 이 행 하 오 리 - 다

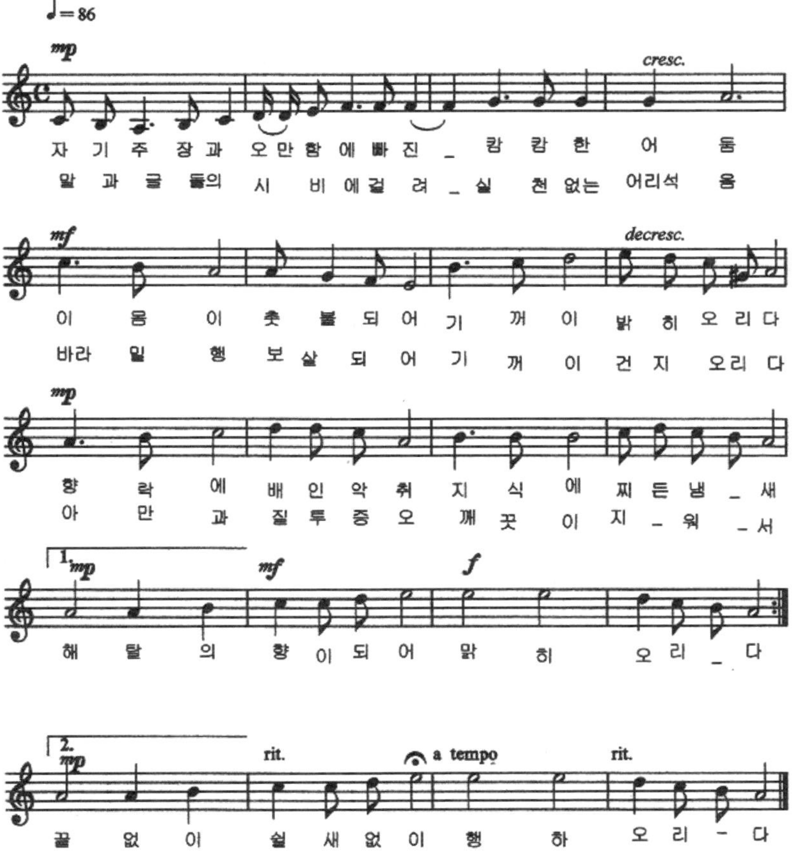

귀뚜라미

"끼르르 끼르르"
정진 삼매에 동참하는
귀뚜라미 청순한 노래

관 세 음 보 살
관 세 음 보 살
끼르르 끼르르
끼르르 끼르르

염불 소리 노랫소리
노랫소리 염불 소리
내가 귀뚜라미가 되고
귀뚜라미는 귀뚜라미는
내가 된다

귀뚜라미

덕진 스님 작사
김 희 남 작곡

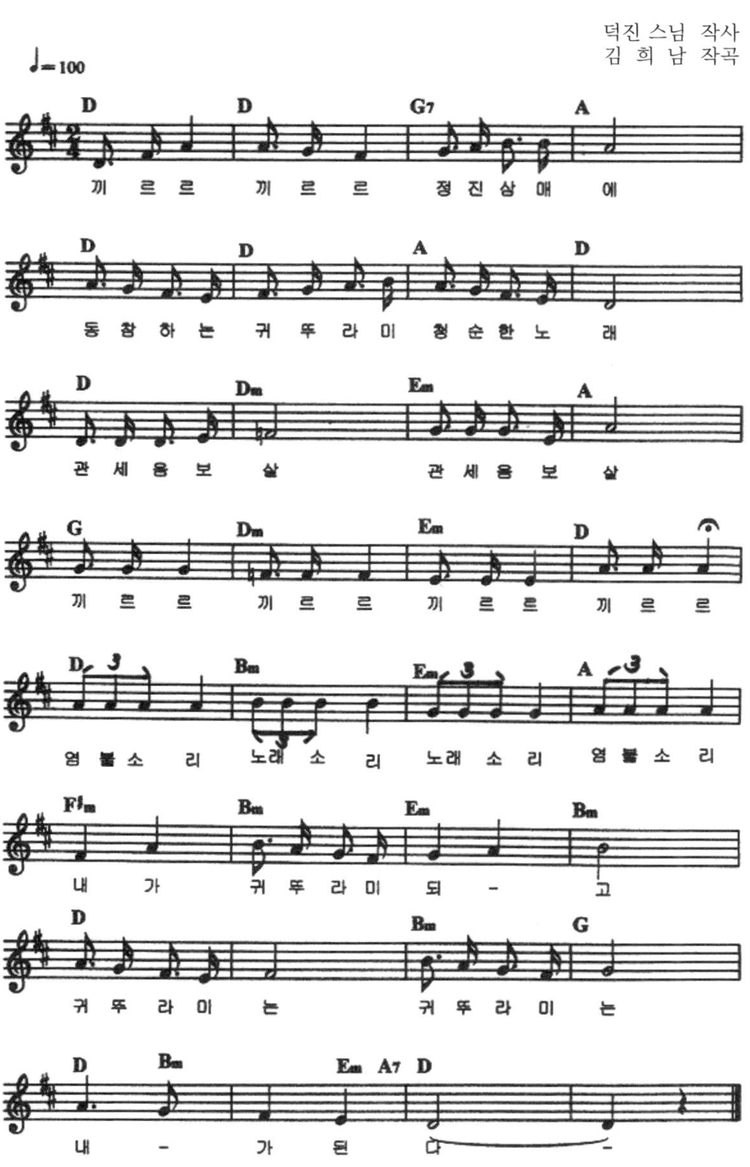

동련회가

언제나 진흙탕에
물듬없는 연꽃같이
어디서나 맑은 미소

강건한 햇살같이
자비롭고 진실한
참 나를 찾아가요

다 함께 손잡고
좋은 인연 이루어서
온 세계 주인 되자
우리 동련 청소년

그물에 걸림 없는
바람같이 자유롭게
쉬지 않고 흘러가는

강물처럼 한결같이
슬기롭고 여유로운
참 나를 찾아가요

다 함께 뜻을 모아
밝은 세상 이루어서
이 나라 주역 되자
우리 동련 청소년

동련회가

덕진 스님 작사
이 종 만 작곡

빌고 빌어요

봄바람에 흩날리는 벚꽃처럼
우리 엄마 근심 걱정 흩어지기를

개나리꽃 생글생글 피어나듯이
우리 아빠 하시는 일 피어나기를

하얀 목련 반짝반짝 빛이 나듯이
내 마음도 티끌 없이 맑아지기를

자비 미소 부처님께 빌고 빌어요
해님이 뜰 때마다 빌고 빌어요

빌고 빌어요

덕진 스님 작사
이 종 만 작곡

강강술래(가사)

— 반줄 8자 읽고 강강술래 할 수 있다. 또는 한 줄 16자 읽고, 강강술래 할 수도 있다. 장소, 시기, 참석에 따라 맞추어 할 수 있다.

서문

온 인류의 근본 스승, 만 생명의 어버이신
부처님과 일체 법계 삼보님께 고합니다
대한민국 울산 시내 태화강변 시민들과
불자들이 정월 보름 정성 다해 발원합니다

생명 살림 자비실천 방생 의식 함께하고
모든 재난 모든 근심 소멸하는 달집태우기
시민 불자 함께하며 나라 태평 비옵니다
시민 모두 가족 평안 정당 소망 이뤄지고
대한민국 경제 부강 문화 융성 평화 정착
광역 울산 도시 전역 맑은 환경 아름답고
산업안전 소득증대 집집마다 행복하고
언제 어디나 평화롭고 좋은 세상 기원해요(비옵니다)

1단

이 마음과 이 몸 바쳐 부처님께 귀의하고
삼귀의와 오계 받아 진리 터전 일구오리
불법승은 자비의 배 고통 바다 건너 주네
일심 정서 다 하여서 부처님께 절합니다

탐욕 집착 버려보니 부족함이 하나 없고
성냄 불꽃 소멸하니 악한 마음 하나 없고
애욕 집착 사라지니 평안 경지 이르고서
번뇌 망상 사라지니 극락정토 여기로세

모든 사람 마음속에 부처님이 계신다네
중생 마음 부처 마음 본래 둘이 아니어서
말과 생각 서로 응해 염불삼매 성취하면
일체 고통 소멸하고 모든 공덕 이뤄지네

뜬구름이 모였다가 흩어짐이 인연이듯
중생들의 생과 사도 물과 구름 흡사하니
좋은 인연 간직하고 나쁜 인연 버리시면
이다음에 태어날 때 좋은 삶을 받게 되네

죄의 실체 본래 없어 마음 따라 생기나니
마음 씀이 없어질 때 죄업 역시 사라지네
죄란 생각 없어지고 마음 또한 텅 비워서
무념 처에 도달하면 참회했다 말하리라

불심으로 바라보면 온 세상이 불국토요
불심 없는 마음에는 불국토도 고통 세상

애착하던 사바 일생 하룻밤의 꿈과 같고
나다 너다 모든 분별 본래부터 공이어라

2단

여래십대발원문(如來十大發願文)
저는 이제 삼악도를 벗어나기 원입니다
저는 이제 탐진치를 어서 끊기 원입니다
저는 이제 불법승을 항상 듣기 원입니다
저는 이제 계정혜를 힘껏 닦기 원입니다
저는 이제 부처님법 늘 배우기 원입니다
저는 이제 보리심을 이어가기 원입니다
저는 이제 극락세계 태어나기 원입니다
저는 이제 아미타불 만나 뵙기 원입니다
저는 이제 나투는 몸 두루 펴기 원입니다
저는 이제 모든 중생 제도하기 원입니다

십악참회(十惡懺悔) 십선서원(十善誓願)
1. 살생하는 모든 죄를 참회하옵고
살려주는 방생실천 서원합니다
2. 훔친 죄와 부당취득 참회하오며
아껴 쓰고 나누기를 서원합니다
3. 사음하온 부정한 죄 참회하옵고

순결 지켜 맑은 행을 서원합니다
4. 거짓말한 죄업 모두 참회하옵고
바른말로 지켜가길 서원합니다
5. 속임으로 꾸민 죄업 참회하옵고
바른말로 지켜가길 서원합니다
6. 말 바꾸고 이간한 죄 참회하옵고
사실대로 말하기를 서원합니다
7. 악담하고 험담한 죄 참회하오며
고운 말로 친절하길 서원합니다
8. 탐욕스레 애착한 죄 참회하오며
걸림 없이 베풀기를 서원합니다
9. 성을 내어 포악한 죄 참회하오며
미소 짓고 친절하길 서원합니다
10. 어리석게 지은 죄업 참회하오며
슬기롭고 착해지길 서원합니다

3단
보현보살십종대원(普賢菩薩十種大願)
보현보살 크신 원력 열 가지를 염송하세

한량없는 부처님께 예경하기 원하오며
시방세계 모든 여래 찬탄하기 원하오며

두루 널리 공양 올림 행하기를 원하오며
참회하여 모든 업장 없어지기 원하오며
남 좋은 일 기뻐하는 공덕 쌓기 원하오며
설법하여 주시기를 청하옵기 원하오며
부처님이 이 세상에 머무시기 원하오며
부처님을 항상 따라 공부하기 원하오며
언제든지 중생들을 따라주기 원하오며
지은 공덕 두루 모두 회향하기 원합니다

함께하는 시민 불자
모든 국민 자비 지혜 광명 충만
근심 걱정 사라져서 소원 성취
한결같이 신행하고 무한 지혜
완전 행복 성불 경지 이르러서
중생교화 불국정토 이루소서

제5부

무문방(無門房)

장마철

추녀 끝에 뚜루룩 뚜루룩 자장가 들리더니
문밖에 열기 쨍쨍한 더위 타령 들린다
부지런한 자 안팎일에 바쁘고
게으른 자 낮잠 속에 꿈꾼다

큰비 몰고 오지 마소서
제발 큰물 사고 나지 마소서
생명 재산 피해 없게 되소서

배웅 없이 가는 여름
마중 없이 오는 가을

2020. 8. 19.

상원사(上院寺) 적멸보궁(寂滅寶宮)

낙락장송이 하늘을 떠받고
희뿌연 바위가 층층이 벽이 되어
하늘을 칸칸이 막았다
무한대궐(無限大闕)이로다

새하얀 눈 솜덩이
골골이 봉봉이 두루 깔려
아늑한 부처님의 방
보송보송 포근한 엄마 품이다

동서남북 다스리는 보궁에
석가모니 부처님 부스스 일어나
법문으로 다가오신다

“여보게
오늘만 권하는 묘유(妙有)의 방석에
방하착(放下著)하고 앉음세”

자장율사 사뿐히 절하신다!
탄허 스님 숨소리 들린다
동방(東方)에 빛이 열린다

진신사리(眞身舍利) 모신 보궁(寶宮)에서
석가사리 찾다 말고
자기(自己) 사리 찾아서 갈무리한다

무문방(無門房)

출입문 없는 두 평방
하루 한 끼 공양에 세 벌 옷
먹고 씻을 물만으로 충분하다

부처님 명호를 목청껏 부르며
생각에 그리고 모습 또 그려보지만
찾지도 만나지도 못하는 나

지나온 길도 놓아버리고
나아갈 길 찾는 일도 놓쳐버리고
청정한 본래 나는 무엇인가?
물음에 집중한다

내 마음이 고요하다
고요가 오래 머물지 않는구나!

통풍창 밖에 푸른 대나무는
한들한들 수런거리고

문밖에 싱싱한 소나무는
할 일 다 마친 듯
유유자적(悠悠自適)하다

2017. 7. 15.
감포 관음사 무문관 선방에서

나무아미타불*

아니 비치는 곳 없는 큰 빛
생사 없는 무량 수명 아미타불

가나오나 잊지 않고
앉으나 서나 친히 모시는
그 마음이 무량 광명 아미타불

어제는 꿈속에서
오늘은 도량에서
안고 업고 모시는 아미타불

내 마음에 솟아나고
음성에서 들려오는 나무아미타불

언제나 어디서나 변함없이 믿고 따르오니
극락정토 이루어요, 나무아미타불

몸도 마음도 세상살이도
모두 맑고 곱게 빛나요, 나무아미타불

* 나무아미타불 : '나무'는 범어로 나마스, 한자로 귀의(歸依). 믿고 의지하며 따라 행합니다. '아미타불'은 극락세계 다스리시고 한량없는 빛과 수명으로 모든 생명과 영혼을 안락하게 해주시는 부처님.

마당 물놀이

울산 삼호산 자락 정토사 극락원 마당
비닐 천 팩 속에 바람이 가득
튼튼한 사각 둑이 되었다

둑방 안에 맑은 물 가득가득
천막 재질 미끄럼틀에 신선 공기 가득가득
비탈면에 물 뿌려 미끌미끌 미끄럼대

절 도량 마당에 물과 바람 가두고
안전하고 시원한 놀이터
삼복더위에 남녀노소 모였다

천진 동자들 함께 뛰는 신나는 무대
건물 내부는 조상 영혼 안식처
뜰 앞엔 생기 넘치는 아이
가족 사랑 어른들 어울려 춤추는 낙원이다

2019. 8. 11.

추억

고요할수록 되살아나서
마음 흔들어 놓고

지워도 지워보아도
시원하지 않다

지우려고 하지 말고
잊으려고 하지 말고

지금 여기 생각을 읽고
지금 들숨 날숨을 보자

2020. 8. 23.

거미집

사냥 그물 쳐 놓고
기다리며 먹이 마련하는
재주도 좋고
노력하는 위력도 대단하네

조상님이 물려주신
가업 잘 이어받았네

사람이 가는 길에는
보이지 않는 그물 없는지
잘 살펴보라 하네

산사 소식

산 아래 사찰에서 목탁 울리니
강 건너 나룻배에서 삿대를 들어 보인다

강산이 곱다고 찬사하기 전에
자신의 내면이 맑고 고운지
먼저 살펴본다면

내 행동 바르고 내 생각 착하지만
걸림 없이 자유로운지 살펴본다면

감탄할 대상이 무엇인지
먼저 알게 되겠다

바람이 잦아들면 하늘이 열린다

수상연등(水上燃燈)

하늘에 고운 등이 뜨고
수면은 오색 춤으로 연출한다

숲과 등과 수면이 함께 만든 황홀경에
보는 사람들 발길 멈춘다

하늘 나는 새도
물속 고기도
감탄하며 찬사 눈길 보낸다

염색 삼매

천은 물들여 아름다워지는데
마음이 물들면 어떻게 될까?

조사(祖師)*님 말씀
여러 색 모두 지워
맑히라 하셨는데

내 마음엔 오색 어울림도 좋고
하얀색 맑음도 좋다

* 조사(祖師) : 고인(故人) 되신 훌륭한 스님.

오두막 정담(情談)

숲속 오두막에 마주한 반가운 친구
그간 편안히 잘 살았는가?

살아온 세월 병고도 이별도 있었지
서로 도우며 소박한 뜻 이루기도 했고
서운함과 원망도 있었지

애절한 세상에 명암이 있듯이
삶에도 희비고락(喜悲苦樂)이 지나간다

해 지고 어둠 내리니
산새는 까르륵까르륵 곡조를 타고
풀벌레는 찌르릉찌르릉
한가로이 맑은 노래 부른다

오두막엔 도란도란
정담이 깊어간다
바람도 숨죽여 고요하다

2020. 11. 2.

차나무 꽃

한국 청년들 차를 마시며
차나무는 아는지?

잎은 사시사철 푸르고
뿌리는 깊이 수직 하행하는데
그 도리 그 사연은 아는지?

하얀 꽃 피고 지고
열매는 일 년간 크고 영글어서 떨어지는
소식은 들어봤는지?

모처럼 견학에 찻잎 따기 봉사에
고개를 끄덕이며 박수치며 환한 미소 짓네

새하얀 꽃잎 청순 향기
철따라 보내고
하얀 세상 추위에도 진초록 빛나네

맑은 뜻 이룬다는 염원마저
빈 허공에 부끄럽네

2016. 5.
울산 범서읍 두산리 녹차밭에서

건배(乾杯) 말씀

근심 고통 비우고 기쁨 행복 채우자
갈등 잡념 비우고 고요 평안 채우자

비울 것도 채울 것도 본래 없는데
맑은 물에 티끌 하나 떨어진다

2020. 8. 19.

정토사 석탑

울산 문수로 변 숲속
등불 길 따라가다 보니
오색연등 화려한 궁전 있다

부처님 사리 모신 삼층탑
삼매 들어 세상 고락 살피는데
고요 속에 부처님 말씀 들린다

얼굴에 묻은 때
있어도 그만, 없어도 그만
오직 부처님만 일념으로 모신다

슬기롭게 행복하게 살기를 염원한다

눈앞이 화려하고 귀에 솔깃해야 좋아하는
사람들 밝은 표정에 석탑이 화답한다

2020.
정토사에서

최선약(最善藥)

수행지침 순응하고
대중생활 충실하다 보니

나아야지 나아야지 이 생각도 사라졌다
음식 가려 먹고 건강 지켜야지
이 집념도 사라졌다

어느 날 보니
병고(病苦)의 늪에서 벗어나서
인연 따라 마음 따라 일상에 충실하다

병은 잊어버림이 최선약
건강 생각 없음이 내내 건강

구름 없는 하늘 보니 가슴까지 청량(淸凉)하다

부석사 입구

밝은 미소 소담하게
뭉클뭉클 정감으로 다가오는
빠알간 사과 정말 예쁘다

부석사 사뿐사뿐 오르는 길에
샛노란 황금 부채 차곡차곡

살림살이 부족함에
허전한 가슴속에
황금장을 차곡차곡 쌓고 싶단다

비워야 채울 수 있고
채워도 비울 것을….
채운다는 원(願)도
비운다는 뜻마저도 비워야지….

등불 공양

샘물처럼 맑고 햇빛처럼 밝은 본래 마음
도량(道場)에 공양 올린 등불을 켜고
맑고 밝은 나를 가만히 바라봅니다

부처님께 감사하며 드리고 싶어
올리는 연등 공양
저 자신의 기쁨이고 보람입니다

"자신을 등불 삼고 나의 가르침 등불 삼아라"
부처님께서 말씀하셨습니다

법당에 등불 켜니 번뇌 고통 사라지고
부처님 가르침 널리 빛나고
자비 은덕 더욱더 넓게 퍼집니다

이 등불 보는 이마다 슬기롭고 행복하소서
온 누리 내내 평화 세상 되소서
언제 내가 등불 되어 밝히겠습니다

자연을 통해 얻은 깨달음의 언어

이충호
(문학평론가, 울산과학대 문예창작과정 교수)

1. 자연 속의 피안

시인과 구도자는 어떻게 다를까? 덕진 선사의 시를 앞에 두고 만나게 된 질문이다. 두 개의 개념은 별개의 것으로 어느 하나를 다른 하나에 포함시킬 수 있는 것은 아니다. 다만 우리는 시가 추구하는 세계가 즉물적인 현상을 뛰어 존재의 본질을 탐구한다는 점에서 시인과 구도자는 동질성을 가지고 있다고 볼 수 있다. 자연인 덕진은 구도자이자 시인이다. 그래서 그의 시적 언어가 구도자의 언어와 다를 바 없다고 생각할 수 있다. 물론 구도자에게 시는 정언(正言)을 행하는, 설법을 전하는 또 하나의 방법이기는 하지만 그렇게 단정할 수만은 없다. 그도 구도자이기에 앞서 한 사람의 인간으로서 보편적인 생활이나 사고에서 인간의 한계를 벗어날 수 없기 때문이다. 그래서 그의 시는 단지 인간으로서 생각과 느낌이 언어로 표현된 것으로 볼 수도 있다. 우리가 평행된 시각으로 시를 음미해 보아야겠지만, 그의 시가 구도적 의미에 치중되어 있다 하더라도 우리가 그것을 탓할 일은 아니다. 시란 그 양상이 다양하고, 자아가 세계화되는 것이기 때문이다.

먼저 「정토사의 봄」은 이 시집의 서시나 마찬가지다. 전체적인 시집의 분위기가 이 시에서 느껴진다고 해도 지나친 말은 아닐 것 같다. "온 도량에/ 봄 내음 물신 자비 향기 은은 지혜 묘력 솔솔"에서 시인이 거처하고 수도하는 도량의 분위기가 느껴진다. 봄 내음이 곧 자비의 향기이고 솔솔한 지혜의 묘력이며 자연 속에 법이 있고 만물의 이치가 있다는 말이다. 자연이 계절에 따라 변하는 것이 어찌 계절의 탓이랴, 삼라만상법의 기본이 거기에 있기 때문이다. 시인의 눈은 거기에 닿아 있다. 자연의 베풂이 바로 자비의 표상, 지혜의 묘력이란 뜻으로 받아들여진다.

뒷산에 불그스레 고운 노을 지니
실달이 얼굴 내민다
공원묘지 산책길 어둠 내리자
갈 길 안내하는 반딧불이 반갑다

… (중략) …

밤낮 걷고 뛰는 쾌적한 공원
편히 자주 오라는 반딧불이는 내 친구

—「은월산(隱月山) 반딧불이」 일부

서정적이면서도 시적 깊이가 느껴지는 시다. 시인은 반딧불이에 대한 어떤 관념적인 색채를 드러내지 않는다. 다만 매우 객관적인 대상으로 바라보는 친화된 하나의 사물로 드러내고 있다. 그러나 행간을 다시 읽어보면 시인이 바라보는 대상에서 표면적 존재를 뛰어넘은 어떤 내재적 의미를 읽을 수 있다. 밤의 정적과 묘지공원 산책길의 서늘한 배경 속에서 반딧불이는 길을 밝혀주는 지혜의 성자, 아니면 어둠 속에서 희망적인 존재로 의미가 확산됨을 느낄 수 있다. 어둠 속에 존재하는 반딧불이, 어둠 속에서 빛을 전하는 반딧불이는 미네르바의 부엉이와 다르지 않다.

미네르바는 고대 로마 신화에 나오는 지혜의 여신으로 황혼 녘 산책을 즐기며 부엉이를 데리고 다닌다. 그것은 거리 두기의 지혜를 상징하기도 한다. 백주의 햇빛 아래서는 도리어 그 빛에 가리어 관찰하지 못했던 일들이 어둠이 되어서야 비로소 제대로 알게 된다는 것은 빛이 끝난 시간에 깨닫게 되는 지혜의 가치를 역설하는 것이기도 하다. 미네르바의 부엉이가 어둠이 되어서야 눈을 뜨고 그 박쥐가 어두워서야 날듯이 반딧불이도 어두워야 빛을 낸다. 어둠에 빛을 내는 것은 구도자도 마찬가지다. 구도자는 속세의 온갖 혼탁함 속에서 중생들에게 빛을 찾아 주기 위해서 노력하는 사람이다. '친구'라는 말은 반딧불이가 화자 자신과 동질시 되는 표현으로 읽힌다.

「봄을 드립니다」에서 "인욕 향기 짙은 매화/ 협동 단결하는 개나리// 긴 겨울 영광의 동백/ 공손히 미소 짓는 산수유" 그 봄의 산물 하나하나는 다 자연의 뜻이 담긴 선물, 세상에 주어진 생명이고 희망이다. 봄의 선물을 주는 것은 봄을 주는 것이고, 봄은 곧 세상의 존재를 지배하는 절대적 질서가 살아 숨 쉬는 자연이다.

시인의 자연관, 인생관은 "목련꽃, 벚꽃, 유채꽃 피고 지고/ 겨울도 여름도 함께하는/ 사월이 싫지 않다// 인연의 꽃이 피고 지고" "고난도 즐거움도 함께하는 인생/ 내 삶과 닮은 사월이다// 역경(逆境)도 순경(順境)도/ 만나고 헤어지는 삶과 같은 사월/ 우리 모두가 지나간다"(「사월 일기(四月日記)」 일부)에서도 그대로 드러난다.

시인은 자연을 자연으로, 자연의 변덕스러운 변화조차도 자연의 일부로 본다. 그 속에 인간의 삶도 마찬가지다. 고통도 삶의 일부이며 즐거움 삶의 일부이다. 피는 것이 있으면 지는 것이 있는 것이 자연의 순리다. 자연의 모습 그대로 닮은 것이 인간의 삶이다. 추위와 더위, 꽃이 피고 지는 것이 겹쳐지는 4월은 인간의 삶과 동일하기에 시인은 그 사월이 좋은 것이다. 마치 정(正)과 반(反)이 공존하는 변증법의 논리처럼 고(苦)와 낙(樂)이 함께하는 삶의 여정을 순(順)과 역(逆)이 공존하는 4월의 시간과 같은 것으로 보고 있다. 그 깨달음의 눈은 구도자의 눈일 수도 있고 시인의 눈일 수도 있다. 그것을 구별한다는 것은 무의미하다.

시인은 현대기술의 총아라고 할 수 있는 「울산대교」의 거대한 현수교에서도 기술이나 교량의 웅장함보다는 더 하늘 높이 올라갈수록 느끼게 되는 자연의 신비로운 경지, 자연의 비경에 행복감을 느낀다. 어쩌면 그 자연 속에서 잠시나마 무아의 순간을 느끼는 것 같은 느낌을 주기도 한다. 시인에게는 「장맛비」조차도 살아 있는 자연이다. 장마에 내리는 비가 그를 잠들게 하는 '자장가'이기도 하다가 새벽에는 '단꿈'에 빠져 있는 그를 각성시키는 죽비와 같은 것으로 가르침의 매체가 되기도 한다. 밤과 낮이 그렇듯 어쩌면 모순적인 두 행태 속에서도 본질은 하나라는 말 같기도 하다. 역경의 자연환경조차도 시인은 배척이나 극복의 대상이 아니라 자신을 있게 해 주는, 때로는 자신을 각성시키는 고마운 존재로 생각한다. 자연을 아는 것이 인생을 아는 것이고, 자연에 순응하는 것이 또 하나 인간의 길이며 깨달음의 길이란 말로 들리기도 한다.

새하얀 꽃잎 청순 향기
철따라 보내고
하얀 세상 추위에도 진초록 빛나네

맑은 뜻 이룬다는 염원마저
빈 허공에 부끄럽네

—「차나무 꽃」 전문

차나무는 늘 푸른 나무다. 뿌리가 깊고 자태가 지고하지만 그 꽃은 가을에서 초겨울까지 피고, 순백색이다. 그 자태와 향은 인생을 관조하고 삼라만상의 이치를 깨닫게 해 주는 모습이다. 그 순백은 오욕이 배제된 얼굴이다. 순백은 마음을 비운 색이며 무아의 경지를 읽을 수 있는 색이기도 하다. 자연의 신성이 꽃으로 피어난 것이다. 시인이 가닿고자 하는 경지와 다를 바 없다. 그러나 인간이 가닿을 수 없는 경지다. 그 앞에서는 시인이 닮고자 하는 그 염원조차도 부끄러워지는 것이다. 이러한 자연에 대한 경외심은 삼라만상의 이치나 도(道)에 대한, 불교적으로 말하면 법(法)에 대한 경외심이라 할 수 있다.

홀로 있어도
몇 밤을 지나도
변함없이 담담하다

너와 나는 친구야
멀지만 가까운 친구야

—「낮달」 전문

「낮달」의 창백함은 차나무꽃의 순백함, 그 연장선에 있는 색이다. 채움을 비워낸 색이다. 그래서 담담하다. 「화전놀이」에서 "진달래 환한 미소/ 벚꽃의 함박웃음"과도 가까운 색이다. 그것은 「부석사 입구」에서 "빠알간 사과 정말 예쁘다"고 표현하는 사과의 '빠알간' 색과는 분명 다른 색이다. 그러나 다시 보면 그 '예쁘다'는 말은 사물의 현상이나 본질을 이르는 말로써는 최고 최선의 표현이다. 「여주 1」에서도 꽃을 "앙증맞고 귀엽다" "정다운 모습"이라고 표현한다. '예쁘다' '귀엽다' '정답다'는 그 말들은 어떤 동일한 의미에 뿌리를 두고 있다. 그 말의 속뜻은 사악함이나 불순함이 배제된 말이다. 순수함이나 맑음의 또 다른 표현이라면 그 말은 순백의 고결함이 갖는 의미나 다른 바가 없어진다. 거기에서 그 말의 의미를 찾을 수 있다.

덕진 시인이 대상을 바라보는 눈은 이렇게 맑고 정갈하다. 하나의 티도 세속의 때도 묻어 있지 않은 투명한 눈을 통해 전달되는 사물이 고운 빛으로 우리의 가슴에 와닿는다. 서정이 순수하고 은은하다. 과하지도 부족하지도 않은 자연의 순수함을 그 서정에서 읽을 수 있다.

2. 작은 것에서의 깨달음

우리는 다시 그의 시 앞에서 시인이 말하는 가르침, 교훈이 무엇인가를 반문하게 된다. 시인은 자신의 시에 가르침이란 말을 덧붙였다.

쌉쌀 씁쓸한 맛이
먹을 만해 입맛 당긴다

울퉁불퉁 몸매
볼 만해 눈길 끌린다

씁쓸한 살맛도
울퉁불퉁 살아온 길도
내 삶에 있었다

달짝지근한 맛만 평탄 매끈한 길만
있다면 인생 삶이

무슨 재미가 있으랴!

—「여주 2」 전문

울퉁불퉁하고 굴곡진 삶에서 건져 올리는 참다운 삶의 의미를 읽을 수 있는 시이다. 삶은 고해라는 것, 인생에 평탄한 길은 없다는 것, 삶엔 단맛만 있는 것이 아니란 것을 교훈적으로 일러 주는 시이다. 그러나 이 시는 단지 관념적인 언어로써의 교훈이 아니라 자연물을 통한 깨달음의 교훈을 전해 준다.

엄동설한도 묵묵히 이겨내고
오뉴월 뙤약볕도 달게 받고
엊그제 천둥과 비바람에도
태연하더니 오늘 아침엔
솔—솔 맑은 바람에 미소 짓는
곱고 듬직한 군자(君子)가 되었구나!

—「산딸기 1」 전문

산야의 모진 환경, 역경의 고통을 이겨내고 미소 짓는 꿋꿋한 모습에서 삶의 고결한 자태를 읽어내고 있다. 그것이 사물이든 인간이든 세상의 존재자로서 고통과 그 고통의 극복에 삶의 의미가 있다는 메시지가 결코 가볍지 않다. 그것은 다시 「산딸기 2」에서 "별빛의 유혹에 험난한 언덕"이라는 말로써 연장된 의미를 전해준다.

키 작아도 하늘에
닿아 있고

얼굴 좁아도
행인마다 알아본다

쪼그마해서
더욱 귀엽다

—「풀꽃 1」 전문

작은 것, 보잘것없고 초라한 것에 대한 관심과 애정이 잘 나타난 시다. 여기에서도 '귀엽다'는 말은 시각적 어떤 현상을 표현하는 것이라기보다는 존재가 가지는 본질적인 아름다움, 순수함을 이르는 말로 보인다.

진리는 편재되어 있다. 작고 큰 것에 상관없이 어느 것에나 존재의 진실은 내재되어 있다. 깨달음은 어떤 특질적인 것이나 큰 것만이 아니라 보편적인 것, 작은 것에도 내재되어 있다는 것은 생각할 수 있지만, 그 깨달음을 이루어 내기는 그리 쉽지 않다. 사색과 심오한 눈이 필요하기 때문이다. 작고 보잘것없는 것에서의 깨달음은 시인의 여러 시에 걸쳐서 드러난다. 먼저 「동녘 찾기」에서 "배고프면 밥 먹고/ 피곤하면 잠들고// 동녘 찾기보다 쉬운 게/ 도(道)라고 하더이다"라고 표현하고 있다. 생활 속에 진리가 있고 깨달음이 있다는 말이다. 견소왈명(見小曰明), 작은 것을 볼 줄 아는 사람만이 세상의 밝음을 안다는 말로 표현될 수 있는 것이다. 다시 말해 그것은 작은 것까지 볼 수 있는 힘을 밝음이라 한다는 뜻으로, 사소한 것을 보고도 미묘한 변화를 감지해 낼 수 있는 날카로운 통찰력을 일컫는 것으로 풀이될 수도 있는 말이다.

사소하고 허름한 것에서 큰 아름다움을 보는 것, 존재의 진리를 보는 것이 바로 구도자의 눈이고 시인의 눈이다.

불계에서도 불성의 편재성(偏在性)을 말한다. 불성은 어디에나 존재한다는 말이다. 불성은 무생물에도 있고 생물체에도 있다. 산에도, 들에도, 마구간에도 존재하며, 뒷간의 구더기에게도 있어, 없는 곳이 없다고 말한다.

이렇듯 세상의 만물, 그 어떤 것이든 생존의 본질은 같다는 것이 선각자들의 깨달음이다. 고대 희랍의 철인들이 그러했고, 장자도 불타도 그러하였다. 장자가 말하는 '만물제동(萬物齊同)'이나 예기(禮記)에서 말하는 '무불경(毋不敬)'의 경지, 세상에 존경하지 않을 것이 없다는 말은 다 동질적인 말이다. 한낱 미물이라도 존경할 바가 있다는 말이고 크고 작은 것은 본질의 차이가 없어 다 같은 것이란 뜻이다.

우리는 이러한 깨달음을 시인의 시에서 보게 된다. 시인은 너와 나는 같은 것이고 일체의 본심은 동질성을 가진 것으로 보고 있다. 풀꽃 하나에서도 존재의 귀중한 가치를 건져 올리며, 그 소리를 들으려 노력하는 시인의 자세에서 그것을 여실히 느낄 수 있다. 시인의 이런 깨달음을 「베란다 텃밭」과 같은 작은 공간에서도 "싱그러운 잎새에 귀 기울이며/ 작은 꽃과 눈 맞추고 속삭인다// 자연을 알고 사랑을 나누고/ 작은 보람과 기쁨을 느끼며/ 정을 아는 나 자신을 발견한다"는 표현으로 나타나고 있다.

3. 지혜로운 삶에 대한 은유적 설파

시인의 시가 상징적인 면에서 이전의 시에 비해 진일보한 것은 사실이다. 은유를 통한 시적 진술이 설득력을 얻고 있는 것을 볼 수 있다.

피멍 든 엄마 젖꼭지
그냥 두기 안타까워
응석 부리며 물고 보니
새콤달콤 진미로세

—「산딸기 2」 일부

시인은 '산딸기'가 '엄마 젖꼭지'로 육화되는 시적 메타포의 한 전형을 보여준다.

이전에 발표된 시에 비해 중추적 사고들이 은유적이며 상징의 언어로 표현되고 있다는 것은 그만큼 본질적 사고 내지는 시적 사고가 보다 보편적인 이미지로 전달되고 있다는 말이기도 하다. 이것은 언어의 세련된 표현이나 시적 성숙일 뿐만 아니라 사고의 유연성을 보여주는 것 같기도 하다. 상상하기 어려운 무겁고 깊은 관념들을 사물로, 마음의 그림으로 풀어 전달하고 있다는 말이다. 법은 언어로 표현될 수 없다는 불타의 진리로 보더라도 가장 어려운 것을 가장 쉽게 전달하는 것은 법에 이르는 또 다른 길이며 사미대중과 가까워지는 길이 아닐까 하는 생각이 들도록 해 주는 것이기도 하다.

성경의 말씀이 그러하듯, 불타의 말씀도 은유적으로 표현된 것이 많다. 그것은 진리를 표현하는 말이 은유적일 때 사물이 가지고 있는 속성을 구체적인 이미지로 환기시켜 그만큼 더 쉽고 생생하기 전달할 수 있기 때문일 것이다. 영취산에서 불타께서 집어 든 연꽃을 보고 마하가섭만이 혼자 미소를 지었다는 '염화시중(拈華示衆)의 미소', 그 일화에서 연꽃도 상징적 은유이며 마하가섭의 미소도 일종의 은유적 표현이다. 부처님의 모습 대신에 나타나는 보리수나 법륜 등은 해탈과 설법의 은유적 표현으로 보는 이에 대한 자비심의 발현으로 보인다.

'인생은 고해'라는 불타의 설법은 빛나는 은유적 표현으로, 이른바 대기설법(對機說法)의 한 방법이기도 하다. 가르침을 듣는 자의 능력이나 소질에 따라 그에 알맞은 가르침을 설하여 주는 데는 은유만큼 적절한 것이 없었을 것이다.

부석사 사뿐사뿐 오르는 길에
샛노란 황금 부채 차곡차곡

살림살이 부족함에
허전한 가슴속에
황금장을 차곡차곡 쌓고 싶단다

비워야 채울 수 있고
채워도 비울 것을….
채운다는 원(願)도
비운다는 뜻마저도 비워야지….

—「부석사 입구」 일부

이 시는 무욕의 심성을 보여주는 시이다. "비운다는 뜻마저도 비워야지"는 무욕을 언어로 표현할 수 있는 최선의 것이다. 송(宋)나라 철학자 정이천(程伊川)의 "무욕즉강(無欲則剛)"이라는 표현을 넘어서는 말이다. 불경의 말을 빌리면 무욕은 정사유(正思惟)이며 정명(正命)의 하나이다. 시인의 시 「무소유」도 무욕과 다른 말이 아니다. 시인의 비움의 철학 연장선에 있는 말들이다. 그렇다고 시인이 비활동의 무욕을 말하는 것은 아니다. 시인은 "이른 아침 텃밭 가꾸기/ 건강 지키는 최상급 보약이다// 무리 없이 하는 노동"(「보약」 일부)이란 표현으로 노동의 가치를 표현하고 있다. 쉽고 간결한 표현이지만 정명의 뜻이 잘 드러난 말이다. 인간에게 노동만큼 위대하고 중요한 것은 없다고 해도 지나친 말은 아닐 것이다. 모든 것은 노동의 산물이다. 육체적 노동이든, 정신적 노동이든 인간을 가장 인간답게 하는 것이 노동이다. 공자는 "무항산(無恒産)이며 무항심(無恒心)"이란 말로써 노동의 중요성을 역설했다. 이런 시들은 불법의 정명(正命)을 강조하는 말이기도 하지만 노동의 가치를 중시하는 시인의 보편적 인식 내지는 생활의 철학이 드러난 시라고 할 수 있다.

「실속」이란 시는 외양보다는 내면의 중요함을 일컫는 시다. 우화적 기법을 통해 외양보다는 내면에서 사물의 존재적 가치, 내재적 의미를 읽어내는 시로 시인이 사물을 바르게 바라보는 눈, 정견(正見)의 자세를 엿볼 수 있다.

쉬운 말, 때로는 우화적인 기법, 간결한 은유적 표현들은 덕진 시인의 시 특징 중 하나다. 간결한 만큼 상대방의 마음에 깊이 인상적으로 가닿는 시가 많다. 깨달은 자, 바르게 아는 자는 길게 말하지 않는다. 사물의 요체를 파악하고 있기 때문이며 짧은 언어로 요약할 수 있는 지혜 내지는 어법을 터득하고 있기 때문이다. 불타의 설법이 바로 그렇다. 듣는 자의 수준에 따라 때에 따라 그 표현을 달리했다. 「엇질 1」「엇질 2」「좋은 인연」은 일상을 꼬집은 시로 역시 정업(正業)의 가르침 연장선에 있는 시들이다.

열심히 부지런히 사는 일도
쉴 틈 공간 있어야지

자비 실천 큰 사랑도
텅 빈 공간
여유로움 있어야지

지난 일 후회도 해야 할 일 걱정에도
지워가는 공간 있어야지

연뿌리와 연 줄기가 숭숭한 구멍으로

속이 비어도 고운 꽃 피우듯이
알찬 열매 영글듯이
싱싱하고 아름답게

여유로운 호흡 막힘없는 소통
언제나 올곧게 당당하게

—「연꽃처럼(如蓮花)」 전문

이 시에서도 비움의 철학은 드러난다. 그 비유가 구체적이고 사실적이다. 삶의 여유, 비움의 자세, 그 비움에서 곧게 서는 자세를 이르고 있다. 연꽃은 진흙탕에서 꽃을 피워가는 인고, 인내, 인욕의 상징일 수도 있고 스스로를 바르게 생각하고 바르게 서는 존재의 한 표상일 수도 있다. 그러면서도 속을 비운 무욕의 한 상징이기도 하고 수행자의 표본이기도 하다. 그러나 연꽃의 여유로움, 속을 비운 마음에 시인의 눈은 집중된다. 시인은 연꽃의 이러한 상징을 쉬어감도, 여유로움도 정명, 바르게 살아가는 지혜의 하나로 보고 있다. 다시 말해 그 말은 정명이며 정업(正業)이란 말과 다르지 않다.

「작약꽃」「낙엽을 쓸며」「어머니의 교훈」「날마다 청춘」도 그 연장선에 있다. 「어머니의 교훈」이 바른 삶, 헌신적인 사랑을 직설적으로 표현한 것이라며 「낙엽을 쓸며」는 은유적, 우화적으로 표현한 것이다. 「낙엽을 쓸며」에서 낙엽의 헌신, "뙤약볕도 세찬 비바람도 견디며 둥치 뿌리 튼실히 키우고, 마을에 신선 공기 주"고 떠나가는 길에서 잔해마저도 행인의 발길에

밟혀 정겨운 소리를 내어 주는 그 헌신을 시인의 눈은 놓치지 않고 있다. 사물 하나하나에 가닿는 시인의 눈은 이렇게 깊고 그 속에 내재된 삶의 의미를 찾아내어 전하는 언사가 절묘하다.

「청년 일자리 1」「향 연기」는 세태의 변화를 날카롭게 지적한 시이다. 일자리에 대한 허영 의식을 통해 참된 노동의 가치, 일의 의미를 돌아보게 한다. 그것은 또한 신문과 방송, 언론의 역기능, 선동적이고 반사회적인 행태를 직설적으로 꼬집고 있다. 사회의식이 돋보이는 시다. 사회의 부조리, 그릇된 관행 등을 에둘러 비판하고 있는 것은 그만큼 사회에 대한 사랑, 사회에 대한 관심이 많다는 뜻으로, 시인의 시적 영역이 넓어진 것으로 해석할 수 있다. 시인은 사회의 현실 속에서 모순이나 불합리한 것들에 대한 내면 의식을 표현하지 않을 수 없다. 사회인으로서 시인이 사회 현상에 대해 자신의 사고를 표출하는 것은 당연한 일이다.

덕진 시인의 시에서도 그러한 사회적 의식을 드러낸 시를 접하게 되는 것은 매우 자연스러운 것이다. 그것은 세상을 바르게 보고 바르게 표현하는 것이 가르침을 행하는 덕목이기도 하지만 세상과 소통하는 자비의 또 다른 표현이라 할 수 있기 때문일 것이다.

4. 시의 길, 법(法)의 길

시집 후반의 시들은 불교의 가르침에 바탕을 둔 시들로 구성되어 있다. 「비행기처럼 2」는 정견(正見),

정념(正念)의 자세를 이르는 시다. '비행기처럼' 순항하는 삶은 바르게 보고 바르게 생각하는 것에서 비롯된다는 것은 자연의 순리, 다시 말해 인연에 순응하는 삶의 자세를 이르는 말이다. 비유가 뛰어난 시적 언어이기도 하고, 사부대중, 중생을 일깨우는 설법의 언어이기도 하다.

시인은 여러 편의 시에서 인연을 거듭 말하고 있다. 인연론에서 인(因)은 과거의 업(業)이지만 연(緣)은 새로운 업을 만드는 것으로, 미래의 일어날 일의 인(因)이 된다.

설(說)에 따르면 고정불변의 실체로서 자아는 존재하지 않는다, 윤회에 있어서 새로운 일시적인 결합을 이루어내는 업(業)을 가지고 있을 뿐이다, 현재의 내 모습은 바로 과거의 나를 비춰주는 거울이며 현재의 내가 쌓는 업은 곧 미래의 내 모습이 된다는 말이다. 다시 말해, 미래는 결정된 것이 아니라, 현재 내가 어떻게 행하느냐에 따라 그 모습이 결정된다는 것이다. 원인이 있고 결과가 있는 것이 과학의 요체이다. 인연론이든 연기론이든 인과가 분명한 것은 과학적인 논리 구조와 닮아 있다. 시인이 말하는 바는 바로 이것이다. '비행기처럼' 순항하는 삶은 나의 노력, 나의 올바른 행동, 즉 정업(正業)에 의해서 이루어진다는 것이다.

그 후회 그 아픔
잊어버리면 묘약 지우면 선약
그때 그 일 이제는 없고
모든 것 인연법대로 지나가고 사라졌다

다만 기억에 있고
추억에 있을 뿐이다

좋은 추억 나쁜 기억 지우면
애정도 아쉬움도
안타까움도 사라진다
그때 그 사람도 그 일도 잊고 지워야만
그 아픔 씻어서 밝은 세상 열린다

영혼도 산사람도
허공처럼 텅 비고 맑은 경지 된다면
부처님 같은 마음 되어 부처님께로 향해 간다

—「그 아픔 지워야지」 전문

이 시는 현실에 처한 좋지 못한 상황을 극복하는 노력을 직설적으로 표현한 시이다. 불계에서 정진(正進)은 노력을 말한다. 「사별(死別)」이란 시는 사별의 아픔을 염불로 극복하라고 말한다. 「그 기억 비워야지」와 같은 시들이나 동요 가사로 쓴 「언제나 기쁨」도 맥을 같이하는 시다. 바르게 노력하는 것이 정정진(正精進)이다. 그중에서도 극복하려는 노력, 이미 일어난 좋지 못한 상황을 극복하려는 노력, 버림의 노력이나 단절의 노력, 다시 말해서 단노(斷勤), 파하나파드하나를 이르고 있다. 염불은 그 노력의 한 형태이며 자비광명에 대한 결정신심으로써 부처를 숭배하여 마음으로 공덕을 쌓는 행위인데 이 시는 바로 이런 수행의 덕목을 이르고 있다.

「삶이 다른 사람」은 수행자의 마음가짐, 아집멸도(我執滅道), 자기극복의 자세를 보여주는 시다. 「일기 1」은 축제 위원들의 자세를 꾸짖는 시다. 그 꾸짖음이 점잖고 어조도 차분하지만 이르는 뜻은 깊다. '개성'이란 말로써 에둘러 표현하고 있는 것도 아집을 일컫는 말이다. 자신의 벽을 깨고 나가지 못하면 세상이 보이지 않는다는 것은 단지 불경의 가르침만은 아니다. 아집과 독선이 넘쳐나는 이 시대에 보내는 뜻깊은 메시지다.

우르르 콰광 쾅 낙뢰와 물 폭탄
법당 옆 산자락이 순식간에 무너진 날
가늠할 수 없는 막막함이 눈앞에 닥쳤는데
어디선가 자비와 덕행, 지혜의 목소리로
어서 일어나라!
인명 사상(死傷) 없으니 다행이지
복구는 네 마음에 있어
죽비를 내리쳤다

—「오색불상 탄생기」 일부

이 시는 천재지변으로 무너진 사찰의 산자락을 복구해서 감실로 만들어 오색불상을 모시게 되는 과정을 그린 시다. 그 한 자 한 자가 이루는 행간에는 선사의 지혜로운 삶을 실천해 나가는 깊은 뜻이 배어 있다. 이 밖에도 「전화위복」「정토사 벽화」와 같은 시들은 천재지변을 극복해가는 선사의 지혜와 노력이 드러난 시다.

진리의 길이라고 하는 것은 고행이나 향락에 빠지

지 아니하는 중도의 실천, 수행을 말한다. 그 중도적 실천의 방법 중의 하나가 바로 혜(慧)이다. 사람이 살아가다 보면 탐욕이 생기고 무지함 때문에 그릇된 행동을 하게 된다. 그 탐욕과 무지를 떨쳐 버리기 위해서는 악한 짓을 하지 않게 하는 계(戒)가 있어야 한다. 자기 마음을 안정시키고 자성하고 마음을 깨끗이 정화해 나가기 위해서는 정(定)이 있어야 하고 어리석은 행동을 하지 않기 위해서는 혜(慧)가 있어야 하는데, 이는 곧 지혜이며 창조적인 선행을 적극적으로 실천해 가는 것을 말한다. 이것이 바로 중선봉행(衆善奉行)이다. 시인의 시는 겉으로 보기엔 단순해 보이나 내적으론 지혜를 행하는 모범을 보여주는 실천적 의미가 깊게 내재한 것들이 대부분이다.

한 사람의 자연인으로서의 덕진 시인에 대해서 말하자면 참으로 겸손한 분이다. 평소에 언행이 겸허하고 친절하다. 타인에 대한 베풂이나 사회에 대한 관심도 많고 올바른 삶을 실천하는 분이다. 우리는 그의 눈에서 성자의 온화함과 자비로움을 느끼게 될 때가 많다. 불타는 지식을 가르치는 교사가 아니라 참된 깨달음의 길을 가르치는 스승이다. 형이상학적인 관념에 가두어 사물을 말하지 않는다. 우리는 덕진 시인의 시적 의식에서 그것을 보게 된다.

시인의 시는 어렵지 않고 흐름이 자연스럽다. 깨달음의 또 다른 표현이다. 그 깨달음은 구도자로서의 깨달음이기도 하지만 시인의 눈을 통해 얻은 깨달음이기도 하다. 심오한 의식 세계가 시의 언어로 표현된 또 하나의 전형을 그의 시에서 볼 수 있다.

● 德眞(金鉉洙) 스님 연보

- 1950년 경남 하동 출생
- 불보종찰 통도사 승려
- 범어사 승가대학 졸업, 춘해대학 사회복지과 졸업, 동국대 대학원 선서화과 지도자과정 수료
- 통도사 극락선원, 묘관음사 선원, 감포 관음사 무문관 등 수선(修禪) 다수
- 부산 금화사 주지 역임(1980~1983년)
- 부산지역 향토예비군 법사단장 역임
- 울산 보명사 주지 역임
- 동부경남 교사불자회 창립자 상임지도법사 역임
- 울산불교교육원 설립 이사 겸 국장 역임
- 울산남부경찰서 경승실장 역임
- 대한불교어린이지도자연합회 회장 역임
- 울산광역시 조계종 사원연합회 회장 역임
- 무료급식소 '참좋은세상' (2004년~현재) 설립
- 울산 남구종합사회복지관장 역임(4년간)
- 1992년 『문학세계』 시 등단
- 2006년 『한국수필』 수필 등단
- 울산문인협회 회원(시인, 수필가)
- 사단법인 울산광역시 불교종단연합회(2011~2014년) 창립회장 역임

| 현직 |

- 대한불교조계종 울산 정토사 창건, 주지
- 정토불교대학 학장
- 사단법인 동련 이사
- 울산지방경찰청 경승실장
- 사단법인 참좋은세상(장학, 봉사, 복지단체) 대표
- 참좋은세상(정토사 공양원) 노인무료급식소 설립 운영

- 사회복지법인 통도사 자비원 이사
- 행복한평생교육원 원장

| 저서 |

- 『두 번째 화살을 맞지 말라』(수행, 포교체험담) 『발원문 108선집』
- 시집 『연꽃처럼 햇살처럼』 『맑은 마음 고운 세상』 『바다처럼』(울산 이야기) 『문 없는 문을 열고』
- 수행포교 이야기 『님한테 할 말 있소』 『찾기 전에 누리는 행복』(설법집) 『희망 가꾸기』(칼럼집)

| 편저 |

- 『佛敎千字文』(자전 편, 쓰기 편) 『한 · 중 · 영 · 일어판 佛敎千字文』(쓰기 편, 자전 편)
- 『불교요지』(불교대학 교재) 월간 『정토회보』 편집발행인 (현재 제198호)
- 『우리말 불교의식집』 『불교신행독송집』 『참회발원기도 행원참법』

| 기타 |

- 『어린이 법요집』 편집발행
- 그림 동화 『슬기롭고 위대한 부처님을 만나요』(동영상 애니메이션 CD 포함)
- 〈부처님 일대기 동영상 10편의 원고 정리〉

| 상훈 및 공적사항 |

- 2000년 조계종 포교대상 공로상 부문 수상
- 2016년 국무총리상 수상(복지 부문)
- 2020년 울산시인협회 올해의 작품상 수상

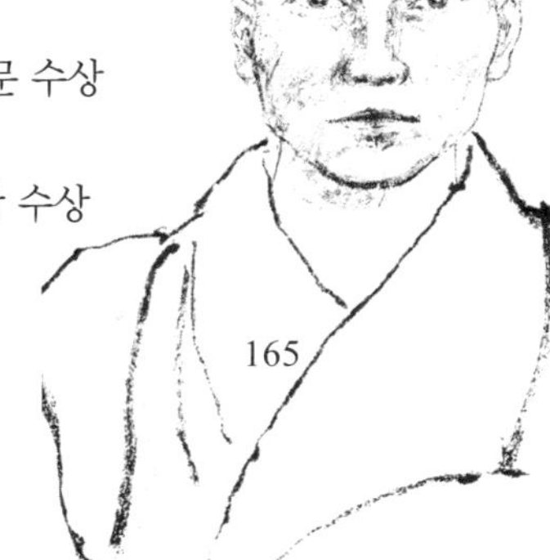

문학세계대표작가선 939

문 없는 문을 열고

덕진 스님 선시담(禪詩談)

인쇄 1판 1쇄　2020년 12월 14일
발행 1판 1쇄　2020년 12월 21일

지 은 이 : 덕진 스님
펴 낸 이 : 김천우
펴 낸 곳 : 도서출판 천우
등　　록 : 1992. 2. 15. 제1-1307호
주　　소 : 서울시 성동구 무학봉28길 6 금용빌딩 2F
전　　화 : 02)2298-7661
팩　　스 : 02)2298-7665
http://moonhak.wla.or.kr
E-mail : chunwo@hanmail.net

값 10,000원

ISBN 978-89-7954-832-7